Copyright © 2013 par Sophie L. Barnes

Tous droits réservés

Aucune partie de cette publication ne peut être reproduite sous quelque forme ou par quelque moyen électronique ou mécanique, y compris le stockage de l'information et des systèmes de récupération, sans la permission écrite de l'auteure.

Sophie L. Barnes : contact@helpheretoday.com
www.helpheretoday.com

Première impression: juillet 2013
Deuxième impression: Mars 2014

ISBN - 978-0-9918600-1-2

Ce livre est dédié à mon plus grand fan, mon mari, Peter.

Éloges pour ce livre

De **Nathalie**

Ton livre est vraiment plaisant à lire, le fait d'avoir mis des histoires concrètes et réelles le rend tellement amusant. Les sujets sont vraiment sur des choses qui nous touchent personnellement que j'étais totalement accro à le lire. Je me suis d'ailleurs servi du chapitre pour les vacances et ça a marché, je n'ai pas pris une livre. J'étais très heureuse car j'en prends toujours en moyenne 5 livres/semaine de vacances. Alors je te dis merci.

Je n'étais pas convaincu au début de vouloir m'arrêter et d'écrire dans un journal, mais je réalise que le fait de s'arrêter et prendre un recul sur notre quotidien font vraiment du bien et notre cerveau est plus apte à nous dévoiler nos petits secrets ou révélations. Je commence à faire cette étape...

Je me suis fixé des buts tels que suggéré dans ton livre et cela fonctionne à merveille... Je me sens vraiment motivée à les accomplir et on dirait que cela m'a permis d'avoir un meilleur focus sur mes objectifs et buts et je suis mieux équipée pour aller dans cette direction. Encore une fois, je te remercie car ces guides m'ont permis de vraiment m'épanouir davantage. Je suis maintenant très heureuse. Je me sens mieux dans ma peau. C'est sûr que j'ai encore du travail à faire au niveau de ma mentalité pour la nourriture, mais j'avance tranquillement et je me sens mieux.

De **Ez**

Avec beaucoup d'années d'expérience, Sophie sait comment briser le quoi faire et quoi ne pas faire pour arrêter le cycle de diète a pu finir.

Elle explique en détail pourquoi nous avons tendance retourner dans nos mauvaises habitudes encore et encore.

Elle rend le tout si clair et facile à suivre et utilise l'expérience de sa vie personnelle pour démontrer ses théories. J'aime que ce livre aborde l'image du corps, pas d'un point de vue physique, mais d'un point de vue état mental et émotionnel! Sophie nous invite à creuser et à trouver la cause de nos mauvaises habitudes pour les modifier une fois pour toutes.

Personnellement, j'ai trouvé ce livre aidant à faire face aussi à d'autres problèmes émotionnels dans ma vie qui traînent depuis un certain temps.

A lire absolument!

De **Cathy**

Sophie vous emmène sur son propre parcours de perte de poids personnel et prêche par l'exemple. Ses luttes sont source d'inspiration et nous motives à prendre les pas nécessaires pour améliorer votre vie; corps et l'esprit. Ce que j'ai vraiment aimé, c'est qu'elle nous donnes des questions clés dans chaque chapitre pour nous aider à penser à nos propres problèmes de perte de poids et les obstacles qui nous empêches d'atteindre nos objectifs.

Je recommande fortement ce livre et son site Web helpheretoday.com pour quiconque a vu les kilos perdus revenir lentement mais sûrement dans le passé. Ce livre est le compagnon idéal pour nous aider à obtenir un succès durable.

De **Jude**

Courage et persévérance sont les deux mots qui sautent dans ma tête après avoir lu ce livre. Il faut du courage pour parler de ses propres hauts et bas personnels dans un livre pour tout le monde à lire. Cela prend aussi de la persévérance à vouloir toujours continuer après une chute ou se rendre compte que ce que nous faisons ne fonctionne pas pour nous, et que quelque chose doit changer.

La seule personne qui peut faire ces changements, c'est nous. Il nous incite à regarder nos propres démons en face. Au fond, nous savons tous que ces démons seront toujours là jusqu'à ce que nous décidions de faire quelque chose à leur sujet. Face à nos peurs à affronter l'inconnu c'est toujours effrayant, mais une fois que nous avons débuté avec le premier obstacle, ce n'est que le premier tremplin qui nous donne le courage de continuer la lutte contre toutes les autres peurs que nous avons.

Sophie nous montre que n'importe qui peut le faire en restant fidèle à nous-mêmes.

Table des matières

Introduction 7
Chapitre 1 : Qui dirige le show? 14
Chapitre 2 : Changez votre perception de vous-même 30
Chapitre 3 : Contrôlez vos pensées 50
Chapitre 4 : Écrivez votre journal 66
Chapitre 5 : Imaginez votre avenir et agissez *comme-si* 71
Chapitre 6: C'est le temps de faire du ménage 85
Chapitre 7 : Assez avec la culpabilité et l'anxiété 97
Chapitre 8: De l'intérieur vers l'extérieur 107
Chapitre 9: Comment ne pas prendre de poids en vacances, mon expérience 123
Chapitre 10 : Méditation et visualisation 132
Chapitre 11 : Les traitements 143
Chapitre 12: Je ne veux pas être là où je suis. Vivre le moment présent 156
Chapitre 13 : Pardonner 164
Chapitre 14: Vous n'arrivez pas à le voir, ce n'est pas grave. Ayez confiance. 174
Chapitre 15: Ne relâchez pas vos efforts après un grand événement; ne laissez pas le quotidien et ses problèmes vous distraire de vos buts. 180
Conclusion 198
Remerciements 203
Bibliographie 204

Introduction

> *Personne ne peut vous faire sentir inférieur sans votre consentement.*
>
> **ELEANOR ROOSEVELT**
> Première dame des États-Unis de 1933 à 1945
> et épouse de Franklin Delano Roosevelt

Vous avez atteint votre objectif de perte de poids. Pendant quelques secondes, vous avez été folle de joie. Tous ces efforts difficiles, cette constance, et au final? Vous n'avez pas trouvé l'homme de vos rêves, l'emploi idéal, le contrat de mannequin ou cette audition comme actrice ou comme chanteuse dont vous avez toujours rêvé! Vous n'avez pas été découverte comme cela arrive parfois dans les films, dans le genre : « Je marchais simplement dans la rue et on m'a remarquée! ».

La réalité vous frappe et vous vous dites : « Pourquoi ai-je fait tout cela? » Le bonheur, la tranquillité d'esprit? Pour cesser de me sentir minable parce que je suis grasse? Avez-vous souhaité ne plus être anxieuse quand vous allez magasiner, quand vous acceptez de rencontrer un homme ou quand vous allez en entrevue pour un nouvel emploi? Avez-vous cru qu'enfin votre poids ne déterminerait plus si vous vous sentez bien ou pas?

Dieu que je vous comprends! Tout ceci m'est tellement familier. Et si je vous disais que lorsque j'écris mon journal, j'inscris mon poids à côté de la date! C'est vrai et c'est pathétique... Triste, vraiment. Je me suis définie par mon poids tellement longtemps. J'ai donc perdu ce poids; mais après, j'ai ressenti tous ces sentiments, tout comme vous maintenant. Ma plus grande crainte était de reprendre ce poids. Et, bien sûr, lorsque vous ne pensez qu'à ça, devinez ce qui arrive? Il y a 2 ans, j'ai vécu un événement très important : mon mariage. Pendant les huit mois qui ont précédé mon mariage, accompagnée d'une nutritionniste et d'un entraîneur privé, j'ai entrepris un régime santé. Le jour de mon mariage, j'avais perdu 25 livres. Trois mois plus tard, j'en avais repris 10. Quatorze mois plus tard, je pesais 10 livres de plus qu'au moment où j'avais entrepris ce régime. Moi qui croyais avoir réussi à cesser de jouer au yo-yo avec mon poids. J'avais perdu ce poids sainement, alors pourquoi l'avais-je repris?

Reprendre le poids que j'avais perdu était une chose, mais ma plus grande déception était de ne pas avoir trouvé la paix dans ma relation avec la nourriture, cette paix d'esprit que j'étais certaine de trouver une fois que j'aurais atteint un certain poids (ou un certain âge!) J'ai alors réalisé que le poids de mes *bagages* était le même à mon plus gras, comme à mon plus mince. Que si je ne me défaisais pas de ces bagages, j'allais invariablement reprendre du poids et me sentir de plus en plus misérable.

Ce n'était pas ce que je voulais. Je n'avais jamais voulu cela. J'étais tellement fatiguée de savoir comment je me sentais par ce que je mangeais. J'ai donc décidé d'écrire ce livre. Pourquoi? Parce que j'avais vraiment besoin de trouver quelle était l'étape suivante. Je ne pouvais simplement pas croire qu'après avoir atteint mon poids idéal pour mon mariage, ma première impulsion avait été de fêter ça par un gros repas! C'était comme si je ne croyais pas un instant que ce poids, c'était moi. Je ne vous dis pas combien je pesais parce que ce poids est différent pour chacune. Ce qui est important c'est que j'avais atteint le poids que je m'étais fixé. Quand j'y repense, même si j'avais perdu ce poids sainement, je me sentais comme Oprah avait dû se sentir lorsqu'elle a fait cette diète liquide et qu'elle a maintenu son poids pendant moins de vingt-quatre heures.

J'ai eu mes hauts et mes bas pendant ces huit mois avec la nutritionniste et l'entraîneur. J'ai toujours dû me battre contre ces voix intérieures (ou extérieures) qui me disaient que je pouvais avoir un autre dessert. Mon problème est que je ne peux pas avoir un dessert. Je ne peux pas avoir trois croustilles ; ça me prend un gros sac ou au moins deux petits. Et deux ou trois tablettes de chocolat. Je suis ce genre de fille pour qui c'est tout ou rien. Celles qui se gavent savent de quoi je parle. En passant, je ne me purge pas (mais je l'ai déjà fait) et à celles qui le font, je vous suggère de trouver de l'aide professionnelle. Cela endommage votre corps. Lorsque je me purgeais, j'avais l'impression qu'une autre partie de moi avait pris le contrôle. Ce moi manquait d'assurance, était anxieux et blessé et, pour éviter ces sentiments, je remplissais le baril avec des mécanismes de fuite ; pour moi, c'était la malbouffe. Pour d'autres, ce sera la drogue ou l'alcool. Une question que cela soulève est : « Pourquoi est-il si important pour nous d'éviter ces sentiments ? » Est-ce qu'ils nous blessent à ce point ? Sont-ils si douloureux ? Aujourd'hui, ma réponse est « Non »!

Lorsque je m'efforce d'écouter et de ressentir, je réalise que ces sentiments ne sont pas si douloureux. Alors pourquoi est-ce que je les ai évités toute ma vie ? Je crois que j'avais peur de les ressentir ; alors je mangeais. Je ne suis pas une psychothérapeute, mais j'en ai vu une pendant tellement d'années que je présume que si vous aussi vous ressentez ces sensations douloureuses, c'est que vous étiez probablement jeune lorsque vous avez ressenti la douleur pour la première fois, que vous avez été profondément bouleversée et que vous revivez ce souvenir à chaque fois que ces émotions vous assaillent.

Introduction

J'ai remarqué que lorsque je ne maîtrise pas ces émotions, je les enterre avec des tonnes de malbouffe, jusqu'à l'engourdissement. Je disparais. Puis je me dégoûte moi-même. Mais, bonne nouvelle, quand je ne me laisse pas me gaver, je m'assois, j'écoute et je ressens. Comme c'est bon de m'écouter pour faire changement.

Mon mari m'appelle « *ma petite gourmande.* » J'aime manger. J'aime tous ces desserts et ces plats de pâtes, et les croissants et les viennoiseries et les muffins et le pain chaud avec du beurre. J'aime tout cela. Je ne pourrais jamais déménager en France ou en Italie! N'ont-ils pas les meilleures pâtisseries et les meilleurs plats de pâtes? Je dois être sage et choisir la meilleure nourriture pour mon corps et ma santé en général. Mais ce n'est pas toujours ce que je fais. À vrai dire, la bataille intérieure dure depuis toujours. Je ne peux pas vous dire exactement quand cela a commencé. À l'adolescence, sans doute. Je viens tout juste de commencer à comprendre la vraie raison de cette bataille. Et c'est pourquoi je suis en train d'écrire ce livre qui, je pense, pourra en aider d'autres à trouver des solutions.

L'idée de ce livre m'est venue, un matin, alors que j'étais en train d'écrire mon journal. Je me suis dit : «Bon, j'ai perdu ce poids, mais encore? Je ne me sentais pas plus heureuse et j'avais déjà commencé à regagner du poids. Je me demandais ce que j'avais fait de travers.

Ce livre n'est pas fait pour être lu puis posé sur une étagère. C'est un compagnon de tous les jours qui vous aidera à réussir dans votre démarche. Vous vous en servirez encore et encore pour des besoins précis. Vous aurez des devoirs à faire, et vous devrez vous assoir, réfléchir, écrire et agir. Agir est important. J'ai lu beaucoup de livres de croissance personnelle, écouté des disques inspirants, suivi « *The Oprah Show* » et le réseau OWN ; mais, je ne savais pas comment utiliser toute l'information que j'avais accumulée. Ce livre réunit des astuces, des expériences et des exercices qui, je l'espère, vous seront aussi utiles qu'à moi. N'hésitez pas à aller sur mon site Web régulièrement pour de nouvelles informations : www.helpheretoday.com.

En lisant ce livre vous devrez vous arrêter pour vous analyser. Qui mène le bal? Qui êtes-vous? Êtes-vous une personne solide avec une forte image de soi? Êtes-vous parfois forte, parfois faible? Est-ce que vote moi infantile fait surface quand ce n'est vraiment pas le moment? Livrez-vous des batailles intérieures à propos de ce que vous voulez et de ce qui est le meilleur pour vous? Vous devez répondre à ces questions pour trouver qui vous êtes fondamentalement. Je crois fermement que trouver la réponse à ces questions est le seul moyen de vaincre votre relation avec la nourriture. Les batailles intérieures entre celle de vous qui veut être forte et en santé et celle qui veut rester la victime de votre passé continuera. Exténuant non? N'aimeriez-vous pas mieux dépenser cette énergie à faire quelque chose de gratifiant pour vous-même? Alors, demandez-vous pourquoi vous voulez perdre du poids. La vraie raison. La réponse vous guidera dans les étapes suivantes.

Mais avant tout, l'un des plus importants pas en avant implique de changer votre perception de vous-même. Réalisez-vous que vous traînez une perception de vous-même qui date de 10, 20 ou 30 ans? Ne serait-il pas temps de passer à autre chose? Votre histoire a besoin d'être changée. Lorsque vous étiez enfant, il est possible que des gens vous aient dit que vous étiez grosse, laide, paresseuse ou idiote. Peu importe quelle a été votre histoire, vous pouvez la changer. Créez-vous une autre histoire. Dans les chapitres suivants vous trouverez des explications et des conseils sur la façon de travailler sur des comportements et des croyances qui vous aideront à atteindre vos buts. Ces comportements et ces croyances guident chacune de vos décisions et je parie que vous les avez à peine remarqués!

Changer sa perception de soi veut aussi dire revoir ses pensées. Celles-ci sont les premiers mots qu'on entend et, comme le disait Maya Angelou, elles finiront par se concrétiser. Vous serez demain ce que vous pensez de vous-même aujourd'hui. Il est donc important d'avoir de bonnes pensées qui vous mèneront là où vous voulez aller.

Il existe des outils simples dont vous aurez besoin; vous devrez écrire votre journal de façon constante et imaginer votre futur. Rien ne vous arrivera sans rien. Préparez le futur que vous voulez avec des actions claires et précises. Pourquoi attendre d'avoir ce que vous voulez avant d'agir comme si? Agissez *comme si* maintenant!

Regardez autour de vous. Avez-vous du ménage à faire? Bien sûr, on en a toute. Pour devenir celle que vous voulez être, vous devrez faire un bon ménage du printemps dans tous les domaines de votre vie : votre travail, vos relations, votre environnement et, bien sûr, vos placards.

J'ai pendant longtemps dépensé beaucoup d'énergie à me sentir coupable et à m'en faire pour des riens. Comme j'ai voulu mieux utiliser mon énergie, j'ai ajouté un chapitre sur ce sujet. On peut dépenser beaucoup de temps à se sentir coupable et à s'en faire. Ces sentiments peuvent vous empoisonner ; ils empoisonnent l'énergie, l'espoir et votre allant naturel. Afin d'atteindre votre bien-être général, il est important que vous preniez le temps de vous défaire de tout ce qui vous empêche d'être à votre meilleur.

La méditation et la visualisation sont aussi des outils importants. Et vous n'aurez pas à déménager en Inde pendant six mois pour en ressentir les bénéfices. Pour changer, il vous

Introduction

suffit de croire. Croire d'abord en vous-même et croire que la Vie ou l'Univers vous répondra. L'Univers se modifiera autour de vous pour répondre à votre nouveau moi. Méditer et visualiser m'aide à trouver la paix d'esprit, à me concentrer sur ce que je veux et à croire.

J'ai aussi écrit des chapitres où il est question de sujets importants comme pardonner et croire. Dans ma soif de guérir mes vieilles blessures, il a rapidement été clair pour moi qu'il me serait nécessaire de pardonner et de croire. Le pardon est une notion stupéfiante, et s'il est donné de la bonne manière, il peut vous libérer et vous faire sentir extraordinairement bien. Quand je parle de croire, je ne parle pas de religion. Je parle de croire en soi de cette façon qui vous redonne confiance en vous-même et vous convainc que vous pouvez tout réussir, peu importe ce qui arrive.

En tenant compte du fait que j'ai vécu cet événement extraordinaire et unique (mon mariage) et que si tôt après je me suis remise à reprendre du poids, j'ai cru important de parler du fait qu'on doit demeurer concentré sur nos objectifs même après leur réalisation. Demeurer concentré veut aussi dire que vous ne devez pas laisser le quotidien et les problèmes de tous les jours vous distraire de vos objectifs. Ces petits problèmes et les tensions qui les accompagnent peuvent tuer vos rêves et vos aspirations. Vous devez, à chaque jour, trouver le temps d'agir en fonction d'eux. Cela vous aidera à demeurer concentrée.

Et vous pensiez qu'il s'agissait seulement de perdre du poids!

Chapitre 1 : Qui dirige le show?

*Il y a des semences d'autodestruction
en chacun de nous qui n'apportent que tristesse
lorsqu'elles sont autorisées à pousser.*

DOROTHÉE BRANDE
Rédactrice et éditrice très respectée

Cela fait 14 mois aujourd'hui que nous nous sommes mariés. Ce fut extraordinaire; nous sommes heureux de pouvoir nous appeler l'un l'autre « mon mari » et « ma femme ».

Mais maintenant, nous sommes de retour à la réalité; je suis de retour au bureau et je recommence à me soucier de mon poids. J'ai repris les 25 livres perdues et 10 de plus. Puisque je n'ai pas pris de poids durant notre lune de miel, il est clair que je l'ai pris par la suite. Je suis donc de retour à la case départ.

Je n'ai pas résolu le problème qui me pousse à manger de la malbouffe. Je suis toujours anxieuse, nerveuse, frustrée et insatisfaite de ma vie. Je me sens, de temps à autre, déprimée. Pendant la journée, je vis de grands moments de joie, mais aussi des moments de déprime. C'est comme si une partie de moi ne croyait pas que je mérite ce que j'ai gagné. Alors, j'essaie de me saboter.

J'ai tenté de comprendre ce qui est arrivé dans ma vie, au cours des derniers mois, pour que s'active cette partie de moi qui ne croit pas que je mérite ce qu'il y a de mieux. Et je pense avoir trouvé!

Chapitre 1 : Qui dirige le show?

Il n'y a pas si longtemps, mon père est tombé malade. Il est décédé peu après le début des traitements médicaux. Je me suis alors retrouvée à reprendre contact avec des gens qui m'ont connue alors que j'étais plus jeune et peu sûre de moi. En temps normal, j'essaie de m'entourer de gens qui appartiennent à mon présent et non à mon passé. Mais parfois, vous savez, le passé nous rattrape!

Pendant six mois, la quantité d'échanges et de rencontres avec ma famille s'est accrue. Ces échanges intenses et ces face à face avec certaines personnes venues de mon passé m'ont forcée à analyser plusieurs sentiments que j'avais enfouis depuis longtemps. Et c'est en mangeant mes émotions que je suis passée au travers cette épreuve. Cet événement a réveillé une partie de moi que je pensais avoir démêlée; il faut croire que la vie en avait décidé autrement. Elle m'a lancé un défi et je n'ai pas réussi à le relever! J'essaie de me montrer reconnaissante, lorsque ce genre de choses se produit, parce que cela me force à affronter ce que je tente de régler. Et je sais que si je ne trouve pas de solution, ces défis referont surface sans relâche.

Alors, je commence à toucher au cœur de mon problème. En effet, ce problème n'est ni la croustille, ni la barre de chocolat. Mon problème est de comprendre pourquoi j'éprouve un si fort besoin de manger lorsque je me trouve en situation de détresse. Ma réaction face au stress est toujours la même. Mon moi adulte disparaît pour donner tout l'espace à mon moi infantile. Cela me dérange car j'autorise alors que mon monde soit dirigé par une petite fille de huit ans. Oui, j'ai déterminé que cette partie de moi qui est blessée et effrayée a huit ans. Je n'ai pas de preuve scientifique sur lesquelles me baser; c'est une intuition. Le fait est aussi qu'au début de ma neuvième année, j'ai vécu deux graves problèmes physiques; cela tend à me confirmer que l'année de mes huit ans a été difficile.

Chapitre 1 : Qui dirige le show?

Lorsque mon moi infantile prend le contrôle, mon monde devient déprimant, triste et sans espoir d'y échapper. Sans aucun doute, c'est ce que je ressentais lorsque j'étais jeune. Lorsque mon moi actuel a le contrôle – ce moi qui est sûr de lui, qui ressent davantage d'amour et d'estime pour lui-même et qui sait qu'il a des choix – alors mon monde se remplit de possibilités et d'options.

J'ai trouvé l'amour grâce à un merveilleux mari, de bons collègues et de grands amis. Lorsque je suis centrée dans mon être, je suis maître de mon domaine. Je construis mon rêve, je planifie mes objectifs, je mange bien, je fais de l'exercice et la vie est belle. Je n'essaie pas de me diviser en plusieurs entités. Mais je crois fermement qu'il y a en moi, une mini version de moi qui est restée bloquée dans le passé.

La fille de huit ans est encore là, en peine et effrayée; elle se sent coincée dans sa situation. De temps à autre, un événement se produit et la réveille. Comme mon moi actuel est assez déterminé et têtu, nous finissons inévitablement par une lutte violente, l'une contre l'autre. Pour réveiller l'état d'esprit de ce moi de huit ans, je dois activer un processus; celui de développer des pensées très négatives. J'accumule tout ce qui est négatif dans ma vie. J'accumule la douleur, la colère, l'anxiété et le sentiment que je suis une perdante et que je n'accomplirai jamais quoi que ce soit d'important. J'empile tout cela et ensuite je me comporte comme si mon monde était sans espoir, sans issue, exactement comme je le pensais à l'époque. Donc, au lieu de vivre dans le présent et avec le poids visé, heureuse et satisfaite, je me mets subitement à agir comme si j'étais tout le contraire. Je savais qu'on pouvait utiliser la méthode « fais comme si » pour améliorer sa vie, mais je n'avais jamais, au grand jamais, pensé que je l'utilisais pour détruire ma vie!

C'est pourtant tellement logique. Toutes ces années, j'ai essayé de comprendre pourquoi je disparaissais si facilement derrière une partie de moi-même. Lorsque j'ai dit que je ne pourrais pas aller de l'avant tant que je n'aurais pas résolu ce problème, j'avais raison.

Tant que dans ma tête je joue le rôle de la victime, je ne peux pas passer à autre chose. Ainsi, tous ces objectifs et ces rêves ne se réaliseront pas avant que je ne lâche prise et que je ne libère cette partie de moi qui insiste à rester bloquée dans le passé.

Je n'avais jamais compris ce que les gens voulaient dire lorsqu'ils me disaient que si je n'étais pas riche ou que je n'avais pas superbement réussi, c'était parce que je ne pensais pas le mériter. Et pourtant, j'ai toujours eu l'impression de penser le mériter. À certains moments précis, tout mon être y croit fermement. Je ne comprenais pas quand ils me disaient que je ne pensais pas le mériter, parce que c'est tout le contraire. Je fais tout ce qu'il faut pour aller dans ce sens. Mais c'est alors que l'enfant en moi s'active. Elle n'est pas « éveillée » ou active à 20 ou 30% du temps. Elle ne fonctionne pas comme cela. Quand elle apparaît, elle prend 100 % de l'espace. Elle veut l'ensemble de la scène. Et mon moi adulte disparaît.

J'ai également constaté que lorsque mon moi infantile prend la relève un jour, le lendemain cela lui est plus facile, et le jour d'après encore davantage. Et la durée de sa présence augmente aussi avec le temps. Une heure aujourd'hui, deux demain. Le sentiment de déprime que je ressens se produit au moment où mon moi adulte reprend le contrôle et que je me demande : « Bon sang, qu'est-ce qui vient de se passer? » C'est exactement comme regarder un enfant qui vient de faire une bêtise et de dire : je n'en crois pas mes yeux! Ensuite, parce que je suis une adulte, je dois reconstruire mes espoirs, ma confiance et ma foi. Sauf qu'à ce moment-là, mon moi infantile a de l'élan et de la force; il a eu son moment de gloire et d'espace, et il en veut davantage. Et c'est là que débute cette guerre interne entre nous deux.

Quand je ne suis pas entièrement en contrôle, je peux ressentir les blessures de l'enfant en moi. Je peux les identifier lorsque j'associe des sentiments négatifs aux buts que je me fixe. Par exemple, je me vois riche et en train de vivre dans un condo de luxe à San Diego. Puis, très rapidement, s'ajoute l'image d'un membre de famille venant me demander de l'argent et voulant se quereller avec moi. Je ramène donc un sentiment négatif et l'associe au fait d'être bien nantie. Voilà pourquoi je ne suis pas fortunée! Vous souvenez-vous lorsque je disais que je ne comprenais pas ceux qui me disaient que je n'étais pas engagée à 100 % à devenir « riche »? Eh bien, en voici l'explication. J'attachais un sentiment négatif à l'un de mes rêves. Comme personne ne veut vivre du négatif, automatiquement, mon rêve ne se réalisait pas.

Mon côté adulte ne pouvait pas comprendre cette logique parce qu'il avait le sentiment que j'étais déterminée à 100 %. Et pourtant, le problème est que cette enfant en moi avait le même sentiment à son propre sujet! Elle est une pure boule d'émotion à fleur de peau. Tout ce qu'elle fait est associé à des émotions et la rend dix fois plus forte. Je peux bien répéter vingt fois par jour mon affirmation d'être riche, mais dès que les émotions négatives s'y attachent à travers ce jeune moi, tout s'écroule. J'ai involontairement associé de mauvaises choses au fait d'être riche. Ce serait bien plus simple de ne pas être riche. Je n'aurais alors pas besoin de me faire du souci concernant les disputes concernant l'argent. C'est bien une pensée de petit enfant de huit ans, n'est-ce pas? C'est pour cela que je dis que tant que vous transporterez ces émotions tordues, vous ne vous dépasserez pas.

Nous venons de parler du désir d'être « riche ». Qu'en est-il du sentiment d'être grosse? Se pourrait-il que j'associe davantage de douleur au fait d'être mince qu'à celui d'être

Chapitre 1 : Qui dirige le show?

grosse? Est-ce pour cela que j'ai repris du poids? J'ai creusé mes méninges encore et encore pour arriver à cette vérité. Je continuais à me dire qu'en aucun cas le fait d'être mince pouvait être douloureux. Mais si, c'est cela. C'est binaire : soit oui, soit non. J'avais associé le fait d'être mince et belle avec l'image d'une cible facile pour des hommes abusifs. J'avais besoin de malbouffe parce qu'elle me permettait de me défaire de ce sentiment négatif à ce moment précis : c'était plus douloureux de rester mince et de ne pas manger de malbouffe que le contraire.

Bien. Maintenant que nous savons cela, que faut-il faire? Pensez aux situations où votre moi adulte a réussi à ne pas laisser votre jeune moi prendre le contrôle. Comment avez-vous fait? Trouvez comment et refaites-le encore et encore. Je trouve que plus nous avançons en âge, plus, petit à petit, nous devenons forte (par la thérapie, par les livres de développement personnel ou par l'autoanalyse) ; nous commençons à apprécier qui nous sommes. Nous nous sentons plus solide, heureuse, nous croyons davantage en nous-mêmes. Nos espoirs et nos rêves deviennent de plus en plus audacieux. Nos objectifs de plus en plus grands. Et plus nous devenons forte, moins nous avons de patience pour notre côté enfant, ce côté triste, anxieux et colérique. Nous n'avons plus de tolérance pour cette facette de nous-mêmes.

J'en suis là. Je n'ai plus de patience pour cette enfant en moi. Elle ne fait plus partie de ce que je suis aujourd'hui. Je veux la laisser aller. Et si vous êtes en train de lire ces lignes, c'est parce qu'à mon avis, vous aussi, vous êtes prête à la lâcher. Alors, comment réussit-on à le faire?

AVEC AMOUR

Avec amour et tendresse. Tout d'abord, c'est une partie de moi qui a souffert. J'ai été effrayée, blessée et j'ai éprouvé de grandes inquiétudes. Toute ma vie, j'ai eu de la difficulté à m'endormir, jusqu'à ce que je rencontre mon conjoint. Le niveau d'anxiété en moi a toujours été gigantesque. Je commence maintenant à comprendre pourquoi. Mon moi infantile essayait de se faire entendre, de me faire savoir qu'une part de moi était toujours là, qu'elle y vivait encore.

La première étape consiste donc à reconnaître son existence. Il est important d'admettre qu'elle fait partie de nous et qu'elle existe toujours. Elle souffre et notre moi adulte doit prendre soin d'elle et l'aimer.

Ensuite, je dois découvrir ce qui la réveille. Pourquoi se manifeste-t-elle un jour et pas le suivant? La raison que j'ai trouvée est connectée aux sentiments! De simples sentiments. Dans mon cas, cela pouvait être un sentiment de souffrance, l'impression de me sentir coincée dans une mauvaise situation, un sentiment d'abattement ou de désespoir, de ne pas me sentir aimée, d'avoir l'impression d'être une perdante, ou même de ressentir une inquiétude généralisée. Tout sentiment que j'ai vécu lorsque j'étais dans cet endroit qui est bloqué dans le passé me ramènera à ce passé. Et ce qui est incroyable avec les sentiments c'est que peu importe le nombre d'années passées depuis, le passé et le présent se parlent plus rapidement qu'à la vitesse de la lumière.

Le fait d'avoir dû me retrouver à nouveau en contact étroit avec toutes ces personnes de mon passé a ramené cette enfant pleine de fougue à la surface. Je ne pouvais plus la contrôler. Pendant des semaines, c'est elle qui a pris le dessus. J'ai mangé de la malbouffe et évité l'entraînement physique. Je me réveillais chaque jour avec l'espoir d'être à nouveau en contrôle. Ce n'était pas le cas. Je n'étais pas capable de me prendre en main. Alors, comment ai-je finalement réussi?

L'étape suivante est de couper le cordon qui me lie au passé, parce que ce n'est plus ma réalité. Je ne dis pas que je ne me sentirai plus jamais blessée ou désespérée. Ce que je dis c'est que lorsque ce sera le cas, cela ne devrait pas nécessairement m'envoyer tête première dans l'horreur que je vivais à l'époque. Je voulais ramener ces sentiments dans mon présent et les vivre dans ma réalité actuelle.

Je me suis assise et j'ai parlé à cette jeune partie de moi-même qui voulait reprendre sa place. Je lui ai expliqué que le passé n'existait plus. Ayez des moments d'amour et de compréhension pour ce qu'elle tente de comprendre. Elle essayait juste d'agir selon ses connaissances. Lentement et sûrement, avec une discipline douce mais ferme, je lui ai expliqué qu'il était temps pour elle de libérer sa douleur. Cette pauvre petite, pleine de souffrances, avait besoin de repos. Pouvez-vous imaginer toutes ces années de tourment qu'elle a endurées dans cette réalité brumeuse, à revivre ces horribles sentiments encore et encore, chaque année depuis le moment où elle les a éprouvés pour la première fois? N'est-il pas temps de lâcher prise? Moi je voulais lâcher prise sur la douleur, l'inquiétude, la souffrance, la colère, la tristesse, le sentiment de peur absolue qui serre la gorge et l'estomac comme s'il n'y avait pas d'issue. Oui. Je me suis dit qu'il était temps. J'ai lâché prise. Je ne dis pas que je l'ai laissée partir, elle. Je dis que j'ai laissé partir sa souffrance.

Une autre leçon que j'ai apprise, c'est de changer de posture, comme le mentionne Tony Robbins[1]. Selon lui, lorsque vous êtes sur le point de vous laisser abattre, de déprimer ou de vous sentir dans la peau d'une victime, votre corps prend une certaine posture : dos courbé, tête basse, froncement des sourcils, mains sur les côtés et aucun sourire. Le moyen le plus rapide de changer cet état est de se mettre debout, de se secouer, de tirer ses épaules vers l'arrière, de prendre de grandes respirations, de se tenir droit et de placer un grand sourire sur son visage, comme si vous pouviez embrasser la terre entière. Cela a un impact sur votre concentration

---

[1] Tony Robbins, *Personnel Power*.

mentale. Votre corps et votre esprit sont alignés l'un sur l'autre. Ainsi, si vous modifiez votre posture, votre esprit n'aura pas d'autre choix que de la suivre.

POURQUOI?

Maintenant, avant de faire quoi que ce soit, vous devez comprendre pourquoi vous retenez encore cette partie de vous-même. Vous savez que cela ne vous aide pas à vous développer pour devenir un meilleur vous. Vous savez qu'elle vous tire vers le bas. Alors, pourquoi la traîner avec vous toutes ces années? La réponse est : la peur et l'habitude. Vous avez peur de lâcher la douleur. Elle vous est familière. Vous sentez que de la libérer vous ferait perdre une partie importante de vous-même. Vous avez vécu avec cette facette de vous-même durant des années. Comment vivre sans elle? Il s'agit de la peur de l'inconnu et de la peur du changement. Par conséquent, comment affronter ces peurs? Comment changer? Voilà la raison d'être de ce livre, et toutes les astuces et tous les outils ne sont pas loin.

Premièrement, je crois que vous avez besoin de comprendre l'origine de votre peur. Deuxièmement, vous devez constater que de persister dans ce mode de victime est plus douloureux pour vous que le fait de changer. Cela vous a pris des années pour arriver là où vous êtes. Vous sentez maintenant que vous avez atteint un point où vous êtes assez forte pour le faire, alors allez-y. Un pas à la fois. N'oubliez pas que votre but est de laisser partir la douleur à laquelle vous avez associé cette partie de vous qui est coincée dans le passé, cette partie qui vous oblige à vivre les événements présents à travers les souffrances du passé.

Pour libérer cette partie de vous-même correctement, vous devrez le faire avec amour, pardon et tendresse, mais aussi avec fermeté : ne laissez aucune option sur la table, autre que celle de lâcher prise. Cette partie de vous va lutter pour rester. Vous devez vous engager à 100 % pour arriver à vous libérer de la douleur. Votre but de faire la paix avec la nourriture, de ne plus manger vos émotions et de réussir à être superbe et à vous sentir superbe, ne se réalisera pas, n'arrivera jamais, à moins de libérer cette partie de vous-même qui souffre. C'est pour cela que vous devez vous engager à 100 %. La vie sait que vous vous préparez à relever ce défi et elle vous donnera de nombreuses occasions de tester votre résolution. Elle va vous envoyer tout ce qu'elle peut pour voir si vous êtes prête à réussir.

Chaque matin, une de mes déclarations va comme suit :

Je suis reconnaissante pour aujourd'hui
et pour les défis que je surmonte
afin de me rapprocher de mon objectif.

ET MAINTENANT?

Maintenant que vous comprenez où vous vous trouvez, voyons comment faire face à la situation. Prenons un exemple : vous vous levez le matin, faites de l'exercice, méditez, écrivez dans votre journal et vous vous sentez prête à faire face à tout. Vous allez au bureau. Votre patron vous crie après à cause d'une erreur grave que vous avez faite et qui coûte énormément d'argent à votre compagnie. Bon, voici le premier test de la journée. Comment allez-vous gérer ce problème? Allez-vous rester concentrée, votre partie adulte à la barre de votre univers et évaluer la situation calmement? Ou allez-vous laisser votre jeune moi prendre le dessus et réagir aux événements du jour comme le ferait une enfant névrosée, autodestructrice, saboteuse, colérique?

Chapitre 1 : Qui dirige le show?

Vu sous cet angle, la clé du succès est de ne JAMAIS laisser votre moi infantile prendre le contrôle à 100 %. Je sais, c'est plus facile à dire qu'à faire. Arrêtez-vous et écoutez. Entrez en vous. Si vous sentez votre jeune moi s'enflammer, parlez-lui immédiatement. Que ressent-on? Personnellement, je ressens des douleurs violentes à l'estomac. Je commence à me sentir inquiète (une anxiété incontrôlable en fait). Si c'est tôt le matin, il me faut désespérément une viennoiserie et un café. Ou si c'est en après-midi, des croustilles et du chocolat. Et bien sûr, c'est le début du processus de pensées négatives et ma posture change. Que faire si vous vous trouvez dans cette situation?

La première chose à déterminer est votre modèle de réaction. Maintenant que je connais le mien, je dois faire deux choses. D'abord, je dois m'attaquer à la source du problème. Dans le cas présent, c'est d'avoir géré la situation du jour en utilisant mon moi infantile au lieu de mon moi adulte. Je dois apaiser ma partie enfant. Dans le chapitre 2, nous examinerons la manière de changer notre processus. Mais pour l'instant, ce qu'il faut savoir c'est comment s'occuper de cette enfant blessée qui veut prendre le contrôle.

Vous devez vous imaginer en train de parler à une petite fille et approcher votre moi infantile avec compréhension et assurance : « Je comprends que tu sois blessée. Ce qui vient d'être dit est assez horrible. Laisse-moi creuser la situation de manière logique. Je vais l'analyser et on verra ce qui va se passer. » L'enfant en vous a besoin de se sentir en sécurité. Lorsqu'elle s'enflamme comme cela, c'est parce qu'elle a le sentiment d'être attaquée. Mais, votre moi adulte est là pour protéger tout votre être, quoi qu'il arrive. Plus vite votre personne et ses entités le comprennent, mieux vous (et tout le monde!) vous sentirez. Certaines fois, votre moi infantile tentera de reprendre le contrôle sur vous. C'est à ce moment que la discipline douce (et quelques fois ferme) doit entrer en jeu. Vous devez rester ferme dans votre position et démontrer clairement que vous ne vous en irez pas. Votre jeune moi doit renoncer à sa place et vous laisser faire votre travail. Pensez à ces doubles luttes que vous avez dû mener toute votre vie. En tant qu'adulte, vous devez contenir la situation, mais en même temps, il y a cette partie de vous qui veut juste faire une crise et s'enfuir parce qu'elle souffre (dans le cas présent, quitter son travail!). Vous avez toujours dû faire face à deux choses en même temps, mais ce n'est pas la manière des adultes de gérer les situations difficiles. Votre moi infantile doit le comprendre. Plus votre moi adulte et l'essence de votre être se renforceront, moins le moi infantile pourra prendre de place.

Prenez les mesures nécessaires :

> Mais en même temps, gardez à l'esprit que votre moi infantile souffre. Il revit un événement passé. Vous avez besoin de revivre cet événement consciemment avec lui. Donc, tout en prenant la responsabilité au travail, prenez du temps durant un matin calme et écrivez dans votre journal. Essayez de déterminer d'où provient cette souffrance. Vous devez simuler l'événement ou des événements similaires pour ramener la douleur à la surface et la revivre entièrement; en fait, il faut revivre cette souffrance à travers la personne que vous êtes aujourd'hui. Ce peut être pénible, mais cela soulagera tellement de vieilles peines enfouies que par la suite vous vous sentirez soulagée et revigorée.
>
> La prochaine fois où quelqu'un vous attaquera, cette vieille douleur ne refera plus surface, parce que vous aurez pris soin d'elle.

Je trouve que je suis en contrôle la plupart du temps. Mais je trouve aussi que maintenant, lorsque mon moi infantile ressort, c'est avec davantage de colère et d'anxiété qu'auparavant. Cela la rend plus difficile à contrôler, mais c'est également une bonne chose. Cela signifie que je vais dans la bonne direction. Lorsque vous arrivez à ce point, vous trouvez que les défis sont difficiles. Mais au fur et à mesure que vous les surmontez, vous vous rapprochez de plus en plus de votre libération. Continuez à vous exercer, à écrire vos douleurs et à les simuler comme si elles se passaient réellement. Faites-le pour chaque douleur individuellement et soulagez-vous de chacune d'elles, une à la fois.

Restez solide. Demeurez au-dessus de vos émotions et n'oubliez pas l'exercice physique. J'aime faire des marches, aller au gym ou monter les escaliers de mon immeuble afin de me reconnecter à mon corps et de me sentir forte. Je rentre la tête haute, les épaules en arrière et je souris. Restez déterminée à 100 %. Rien d'autre ne doit compter. Rien de ce que vous souhaitez ne pourra se produire tant que vous n'aurez pas tout résolu.

Si l'inquiétude est encore présente, cela signifie que vous n'avez pas encore réglé la source de sa douleur. Reprenez la simulation d'événements. Vous savez que vous êtes sur le bon chemin lorsque vous le sentez dans vos tripes. Pour empêcher votre moi infantile de prendre tout l'espace, il doit réaliser que vous êtes là, prête à l'aider à laisser sa douleur s'en aller. La souffrance peut être relâchée et votre moi infantile peut maintenant se reposer, ou sortir et jouer à la place. Tout ce qu'il veut en réalité c'est être écouté!

Vous ne pouvez pas modifier les circonstances du passé. Vous pouvez uniquement modifier vos réactions avec votre réalité d'aujourd'hui. C'est ce que les gens veulent dire quand ils disent « c'est votre choix ». Ce qui s'est passé à l'époque n'était pas votre choix. Vos réactions d'alors, en tant qu'enfant, étaient ce que vous pouviez faire de mieux à ce moment-là. Mais ce que vous faites aujourd'hui en tant qu'adulte est votre choix à vous. Voulez-vous être en colère, triste et anxieuse éternellement? Voulez-vous être définie par ces émotions? Voulez-vous continuer à être la victime? Voulez-vous que l'on se souvienne de vous de cette manière?

C'est vous, aujourd'hui, qui définissez qui vous êtes et qui vous choisissez de devenir. Réécrivez votre propre histoire comme vous voulez qu'elle soit écrite. Si vous lisez ce livre, c'est parce qu'une partie importante de vous est prête à lâcher prise. C'est une très bonne nouvelle. Donc, attachez votre ceinture, ce sera tout un voyage. Un événement à la fois, heure par heure, un jour, une semaine, un mois à la fois. Soyez persistante et n'abandonnez jamais. Vous, tout votre être, en valez la peine. Plus vous restez centrée et forte, plus vous libérez cette partie de vous-même qui est blessée et qui a besoin de se reposer. Mais soyez prudente. Juste au moment où vous penserez que vous avez tout bien compris et que vous maîtrisez la situation : Boum! Une autre épreuve se présentera. Généralement une épreuve plus grande. Restez concentrée et placez-vous dans un environnement d'amour, de pardon et de force au lieu de colère et d'anxiété. Vous avez besoin de prendre de l'élan. Passez à l'action car dès que vous vous asseyez et ne faites rien, votre moi infantile prend le contrôle.

La mort de mon père m'a forcée à faire face à certains événements du passé. Ma mère est décédée il y a trois ans. À l'époque, je n'étais pas prête à confronter quoi que ce soit. J'étais retournée dans la famille entourée d'immenses murs de ciment. Pas de fenêtres ni de portes pour communiquer. Et, bien entendu, quelqu'un avait dit quelque chose qui m'avait profondément blessée. Cela m'avait rappelé pourquoi, au départ, je n'avais pas voulu être là. Cette année, lorsque je suis à nouveau retournée dans la famille, j'étais plus ouverte et plus forte. En fait, j'ai même abordé cette personne qui avait prononcé des paroles blessantes et elle ne s'en souvenait même pas. J'avais laissé cet événement s'incruster comme une tare sur mon cœur pendant trois ans et cette personne ne s'en souvenait même pas. Incroyable! Après avoir analysé la situation, tout est devenu clair. Les gens ont leurs propres problèmes à régler. Souvent ils attaquent parce qu'ils souffrent eux-mêmes. Cela n'a vraiment rien à avoir avec nous.

En constatant cela et en revisitant certaines situations, j'ai réalisé que ma perception de quelques-uns de ces événements était teintée par mes propres souffrances, mes peurs et mes inquiétudes. Je ne veux pas dire que j'ai rêvé tout cela. Les sentiments et les faits étaient très réels. Combien de fois ai-je fait du mal à mon jeune frère, avec mes paroles et mes actes, alors que je l'aime tellement! C'est à ce moment-là que je me suis rendue compte que je ne voulais pas continuer ma vie avec cette colère.

La dernière fois que j'ai vu mon père, vers sa fin, je lui ai dit : « Je te pardonne » et « Je t'aime ». Et je le pensais vraiment. Au cours des derniers mois qu'il a passés à l'hôpital, il m'a fait part de certaines de ses craintes, de ses buts et des rêves qu'il n'avait pas accomplis dans sa vie. De savoir cela a apporté un nouvel éclairage sur les raisons pour lesquelles il s'était parfois comporté de manière extrêmement blessante envers moi.

Comme je suis sur le point de conclure ce chapitre, je me repose cette question : pourquoi est-ce que je veux perdre du poids? Ma réponse est que je ne tiens pas à perdre de poids. Ce que je veux c'est plutôt me traiter avec amour et respect. Je tiens à être plus heureuse dans ma propre peau. Je veux me développer et suivre mes rêves. Je veux m'accrocher à mes espoirs et croire qu'ils sont possibles. Vous connaissez ces journées où vous vous sentez complètement centrée et forte? J'en veux de plus en plus. Je veux m'entourer de gens qui croient en moi, qui m'aiment et me poussent à être davantage et meilleure. Je veux me lever le matin stimulée par la vie. C'est ce que je veux. Et vous, que voulez-vous? Pourquoi voulez-vous perdre du poids?

Chapitre 1 En bref

- ➢ Pourquoi voulez-vous perdre du poids?
- ➢ Qu'est-ce qui active votre désir de manger de la malbouffe?
- ➢ Quels sont les sentiments que vous essayez de couvrir avec la malbouffe?
- ➢ Remontez dans le temps. Qu'est-ce qui a déclenché ce comportement?
- ➢ Révisez les étapes pour commencer à vous occuper de la partie de vous qui est blessée.

Chapitre 2 : Changez votre perception de vous-même

« La véritable folie, c'est de toujours faire la même chose et de s'attendre à un résultat différent. »

ALBERT EINSTEIN
Physicien théoricien d'origine allemande ayant développé la théorie de la relativité générale

ET MAINTENANT?

Calmer votre moi blessé est une chose. Nous devons maintenant nous assurer que vos outils pour faire face à la vie d'aujourd'hui sont sains et forts. Vous les avez construits quand vous étiez jeune. Il n'y a aucune raison pour que vous ne puissiez les changer et en construire de meilleurs pour la réalité d'aujourd'hui. Dans quelques années, vous pourriez avoir à les ajuster à nouveau. Parfois, je trouve que la perception que j'ai de moi-même est négative : je suis laide, je suis une moins que rien, je suis pauvre, je ne suis pas intelligente. Cette perception est enfouie au fond de moi et, de temps en temps, elle surgit et affecte ma vie négativement. J'ai été en mesure de la combattre et d'en réduire l'influence. J'ai accompli de grandes choses dans ma vie. Mais je suis fatiguée de me battre avec moi-même. Je veux unir tous mes « moi » et avancer dans une seule direction. Je veux que mon moi profond soit fort, plein d'assurance et d'énergie. Pour ce faire, j'ai besoin de changer la perception que j'ai de moi-même.

Alors oui, votre moi adulte et stable doit prendre les commandes. Mais comment? Le problème que j'ai eu quand

Chapitre 2 : Changez votre perception de vous-même

j'ai perdu du poids, c'est que je n'ai pas changé. Pas vraiment. Pas au plus profond de mon âme. Mon apparence extérieure avait changé, mais pas qui j'étais vraiment. Et la personne que je croyais être était celle qui m'avait au départ rendue grosse. En premier lieu, j'avais besoin d'en prendre conscience. Vous pouvez essayer d'ignorer ces voix au fond de vous. Vous pouvez vous répéter des affirmations toute la journée. Mais elles n'auront aucun effet. Si vous êtes ici, c'est parce que vous avez réussi à perdre du poids (ou bien vous êtes dans un cycle de diète yo-yo) sans changer la raison pour laquelle vous l'aviez pris au départ. C'est déjà incroyable en soi!

Mon mariage approchait. Comme toutes les femmes vous le diront, c'est un événement important. Je voulais être à mon meilleur. La plupart du temps, au cours de cette période, mon moi adulte l'emportait. J'avais un objectif : je devais pouvoir entrer dans ma robe. Mes désirs m'imposaient d'être à mon meilleur à mon mariage. Telle était la réalité et c'est pour cela j'ai réussi à perdre du poids. Mais, je n'avais pas mis l'accent sur les raisons pour lesquelles j'avais pris du poids au départ, ni les raisons pour lesquelles je voulais manger de la malbouffe et des cochonneries. Chaque personne est différente. Les raisons pour lesquelles les gens mangent la nourriture qu'ils savent être mauvaise pour eux peuvent différer. Mais une chose est vraie dans tous les cas : il est moins douloureux de manger de la malbouffe que de faire face à ce qui arrive[2]. La douleur était plus grande de penser que je serai devant l'autel avec mon futur mari, dans une robe de mariée de taille extra-large; c'était plus grand que la douleur que je ressentais au quotidien. Celle-ci m'aurait normalement envoyée chercher un réconfort dans la malbouffe. Je suis une mangeuse d'émotions. Je mange quand je suis seule et triste. Je mange quand je suis anxieuse ou que je m'ennuie. Et je mange quand je célèbre.

---

[2] Antony Robbins: *Personal Power*.

Chapitre 2 : Changez votre perception de vous-même

QUI EN EST LA RESPONSABLE?

La première chose à faire est de prendre sur vous l'entière responsabilité de votre vie, 100%. Je vous invite à lire le premier chapitre d'un livre incroyable que j'ai relu plusieurs fois[3]. Ce livre, intitulé *The success principle*, a été écrit par Jack Canfield. Puisque nous nous concentrons sur votre relation avec la nourriture, c'est de ça que nous allons parler. Mais vous pouvez imaginer que c'est applicable à tous les domaines de votre vie. J'avais atteint le poids que je m'étais fixé environ deux mois avant le mariage. Puis, à mon travail, on m'a demandé de prendre un projet de courte durée, mais très important. Il était suivi de près par la haute direction. Ce fut extrêmement stressant.

J'aurais pu le gérer avec calme et élégance. Mais non. J'ai choisi la voie la plus exigeante. Je devais travailler sept jours sur sept, souvent de 7 heures du matin à 23 heures. Il a fallu aussi y inclure quelques nuits blanches. J'ai blâmé toutes sortes de personnes pour mon stress et mon incapacité à gérer le tout comme il se doit. À cause de cela, je me suis donné toutes sortes de permissions pour manger de la malbouffe et pour ne pas m'entraîner. Et j'ai à nouveau repris à peu près dix livres. Bien sûr que j'étais contrariée. Mais j'avais effectivement fait ces choix. Était-ce vraiment la faute de quelqu'un d'autre si je mangeais tant de chocolat et de frites? Non, c'était mon choix. Ce que vous faites aujourd'hui, c'est votre choix. Pas de temps à autre, mais en tout temps. Vous pouvez blâmer votre passé. Vous pouvez blâmer les personnes qui vous ont fait du mal dans votre passé. Celles qui vous ont fait développer ces mauvaises habitudes et ces automatismes qui vous ont sauvée, mais qui vous nuisent à présent. Mais pourquoi permettre à des personnes ou à des événements de contrôler votre vie durant tant d'années? Je ne

---

[3] Jack Canfield : *The success principle*.

Chapitre 2 : Changez votre perception de vous-même

sais pas pour vous, mais moi j'en suis fatiguée. Pourquoi devrais-je leur permettre de vivre dans ma tête sans payer de loyer? J'ai décidé de les arrêter. Ce fut un moment décisif pour moi. Et si vous n'êtes pas prête à prendre votre vie en mains et à cesser de blâmer les autres, refermez ce livre et allez vous chercher une boîte de beignes. Cela marquera l'arrêt de votre succès. Si vous ne prenez pas votre vie en mains, vous ne trouverez jamais le succès.

HABITUDES

Comme je l'ai mentionné, j'ai une habitude. Pour me faire perdre mon contrôle adulte, je dois laisser mon moi infantile déposer des pensées négatives dans ma tête : « victime », « culpabilité », « mal aimée » ou « pas assez bonne ». C'est comme cela que ça commence pour moi. Je construis tout un scénario dans ma tête. J'ai une grande imagination. Mon triste scénario peut donc durer, éternellement. Et les sentiments qui s'y rattachent grandissent et grandissent. Dès que je vois que cette habitude s'enclenchée, ce que je dois faire, c'est de l'arrêter. Immédiatement! Le livre *Personal Power* d'Antony Robbins parle de la façon de modifier ces habitudes. Je vous encourage à en prendre connaissance.

Y a-t-il une habitude dans votre vie qui n'était pas bonne pour vous et que vous avez changée? Il y en a eu pour moi. Quand j'étais très jeune, j'avais l'habitude de sucer mon pouce. Ma mère avait essayé toutes sortes de façons de me faire arrêter. Vous savez ce qui a finalement réussi? Mes camarades de classe ont commencé à se moquer de moi à l'école. Bien que le fait de sucer mon pouce déplaisait à mes parents, cela m'apportait du confort et du plaisir. Savoir que cela déplaisait à mes parents n'était pas un sentiment assez fort pour me faire arrêter. Mais quand mes camarades de classe ont commencé à se moquer de moi, j'en ai ressenti de la douleur.

Chapitre 2 : Changez votre perception de vous-même

Assez de douleur pour contrer le bon sentiment que je recevais à sucer mon pouce. Que pensez-vous qu'il soit arrivé? J'ai arrêté. Je ne recevais plus de sensations positives de cette situation. J'avais associé de la douleur avec le fait de sucer mon pouce. J'ai donc arrêté de le sucer. Une fois que j'ai pu associer la douleur à cette habitude, cela fut facile d'arrêter. À l'époque, je n'avais ni lu ni entendu parler de solutions pour enrayer ces habitudes. C'était venu naturellement. Alors aujourd'hui, avec toute la connaissance que j'ai accumulée, ne devrait-ce pas être plus facile? Je suppose que cela dépend à quel point je suis prête à me débarrasser d'une habitude. Et il est plus difficile de se défaire de certaines habitudes que d'autres. Mais ce dont je suis sûre, c'est que pour m'en départir, je dois pouvoir y associer une douleur. Quand je m'accroche à une mauvaise habitude, c'est parce que j'associe de la douleur au fait de vouloir la changer. Je ne suis donc pas prête à la modifier.

Examinons l'exemple suivant :

Votre patron vous réprimande au sujet de certaines tâches que vous n'auriez peut-être pas accomplies au meilleur de vos capacités. Soit il vous le dit directement, soit il utilise des méthodes passives agressives pour vous faire savoir qu'il n'est pas content de vous.

Bon sang! Avec mon désir de plaire, cela m'enverrait dans un tourbillon! Voici ce qui se passerait si j'utilisais mon ancienne habitude. Tout d'abord, mon niveau d'anxiété augmenterait. Je ruminerais sans cesse sa remarque ou son attitude négative dans ma tête. Ma première envie serait de grignoter. Consciemment ou non, je me sentirais alors comme une moins que rien. Mon corps se recourberait. Puis j'irais sur la défensive. Dans ma tête, j'attaquerais tout, ainsi que toute personne que je sentirais responsable de tout ce qui n'a pas fonctionné dans ma vie. Pourtant, même s'il allait sembler à

Chapitre 2 : Changez votre perception de vous-même

tous que j'étais en mode attaque, j'allais quand même me sentir comme une ratée : je ne serais pas en train de regarder au cœur du problème. Et tout ceci se produirait en quelques minutes.

Lorsque quelque chose de gros arrive, il est encore plus important, dès que possible, de prendre un moment pour se retirer. Vous pouvez alors analyser la situation et utiliser ce temps pour essayer, de manière logique, d'empêcher que votre affect[4] ne prenne le contrôle. Ce qui me met en danger, c'est quand je ne tiens pas compte de ma manière de réagir. Je pense alors que je suis une grande personne. Je tente de ne pas me laisser affecter. Mais ensuite, mes mauvaises habitudes commencent à m'envahir comme une ombre; elles prennent le contrôle et – boum – mon moi adulte disparaît en laissant tout l'espace à mon moi infantile.

Toujours en pensant à cette situation au travail, voici quelques questions à vous poser, selon que vous ayez fait du mauvais ou du bon travail :

1. Savez-vous au fond de vous si vous avez fait du bon travail? Auriez-vous pu faire mieux? Si oui, alors prenez des notes sur ce que vous auriez pu faire et sur ce que vous pourriez faire la prochaine fois. Ceci vous aidera à organiser vos pensées. Ensuite, admettez que votre patron a une raison d'être mécontent. Mais ne vous culpabilisez pas. Les gens font des erreurs. Ressaisissez-vous et essayez de ne pas la répéter. Si vous avez un bon patron, dites-lui que vous avez fait une erreur et qu'elle ne se reproduira pas. Si vous avez un patron extraordinaire, vous pouvez lui décrire vos idées sur la façon d'améliorer vos performances ainsi qu'obtenir ses suggestions. Cela vous démontrera à

---

[4] L'affect caractérise une gamme d'émotions agréables ou non qui s'appliquent à des états déclenchés par des situations ou des objets précis, ou bien à des états vagues.

Chapitre 2 : Changez votre perception de vous-même

vous et à votre supérieur que vous êtes en contrôle, que vous vous faites confiance et que vous souhaitez vous améliorer. Si votre patron est un imbécile, mais qu'il avait quand même raison, il vous suffira d'écrire ces notes pour vous-même et de travailler sur l'amélioration de vos performances pour votre propre satisfaction. Permettez-moi de préciser que vous ne devriez pas vous améliorer pour les autres; vous devriez le faire pour vous-même. Cependant, faire en sorte que des personnes en qui vous avez confiance vous aident avec ce processus est une bonne chose.

2. Si votre travail était excellent en fonction des paramètres que vous aviez reçus, vous avez alors à faire à un supérieur peu sûr de lui. Il voulait quelque chose d'autre, mais ne vous a pas donné les précisions nécessaires. Peut-être reçoit-il des pressions difficiles à supporter de son propre patron. Il se retourne alors et s'en prend à vous. Ne laissez pas ses problèmes vous toucher. Dans le premier chapitre, j'ai mentionné que la plupart des gens ont des difficultés et des problèmes. Quand ils s'en prennent à vous, il s'agit de leur propre reflet et non du vôtre. Ils font un transfert. Eh bien, voilà un bon exemple. La meilleure façon de calmer vos pensées est de regarder la situation en face. Agissez. Parlez à votre patron au lieu de traîner la situation pendant des semaines. Ce serait une telle perte de temps. Parlez-lui. Décrivez-lui votre position concernant la grande qualité de votre travail et restez-en là. Vos pensées devraient être renforcées par des expressions telles que « J'ai fait mon travail », « Je l'ai bien fait sur la base de l'information ou des outils ou des personnes que j'ai eus à ma disposition », et « Je suis fière de moi ». Si les pensées négatives diminuent, cela signifie que vous avez résolu le problème. Vous pouvez passer à autre chose. Si les pensées reviennent

et que vous êtes constamment en train de ruminer la situation, c'est qu'elle n'est pas résolue. Vous avez besoin de la régler pour avancer. Reprenez l'analyse de la situation. Partagez le problème avec quelqu'un qui peut apporter un nouveau regard sur la situation. Confrontez la personne ou la difficulté que vous devez affronter pour régler la situation. S'il n'est pas possible de confronter la personne, mettez tout cela sur papier comme dans une lettre, puis brûlez-la. Écrire dans votre journal peut aussi aider. Et faites quelque chose de physique. Je ne peux insister assez sur ce point. Impliquez votre corps. Allez vous entraîner vigoureusement et forcez-vous. Cela vous aidera à reconnecter votre esprit et votre corps.

DAVANTAGE SUR LES LIENS ENTRE LA NOURRITURE ET LE FAIT DE BRISER SES HABITUDES

On dirait qu'il y avait des liens entre les événements – et en fait entre tous les événements – de ma vie et la nourriture. Quand je voulais célébrer quelque chose, c'était avec de la nourriture. Lorsque je me sentais anxieuse ou stressée à propos d'un nouveau projet qui n'allait pas bien : c'était avec de la malbouffe. Quelqu'un m'avait fait sentir comme si je ne valais rien : encore davantage de malbouffe. Quand je choisissais de manger à l'excès lorsque quelqu'un m'avait blessée, c'était parce qu'à ce moment-là, précisément, j'associais davantage de douleur à mes sentiments et blessures, qu'au fait de briser ma promesse de ne manger que des aliments sains et de maintenir mon poids. Est-ce que je me sentais mieux après ? Mon Dieu, non. La piqûre de la douleur immédiate avait diminué, mais j'étais déçue de moi-même. Je ne ressentais pas d'amour envers moi-même après ce moment d'excès. Et très vite aussi, se développait un mal de ventre intense.

Chapitre 2 : Changez votre perception de vous-même

De toute façon, qu'est-ce qui est si mauvais dans le fait de ressentir de la douleur? Pourquoi l'évitons-nous tellement? Les périodes où j'arrivais à ne pas céder à une crise de boulimie mais où j'acceptais ma douleur, celle-ci n'était plus si intense. En fait, cela me faisait du bien de prendre le temps de m'écouter au lieu d'éviter ou d'ignorer ce qui se passait réellement. Imaginez comment vous vous sentiez lorsque quelqu'un que vous aimiez rejetait ou ignorait votre douleur. Vous le faites à vous-même chaque fois que vous vous mangez à l'excès. Je constate maintenant que la douleur de ne pas respecter ma promesse est plus pénible; celle de voir mon objectif d'une relation saine envers la nourriture s'éloigner de plus en plus est pénible tout autant. Chacune de ces douleurs est beaucoup plus pénible que n'importe quelle anxiété que je pourrais ressentir. « Ah Ah! » Ce fut un moment spécial. Quand je mangeais à l'excès, l'anxiété diminuait, oui, d'accord. Mais la douleur d'essayer de se remettre sur les rails pouvait durer des jours, voire des semaines. Et ce sentiment de déception se reproduisait à chaque fois. C'était cela, mon habitude : soulager mon anxiété par la nourriture. Pourquoi ai-je développé cette habitude et non une autre? Qui peut le dire avec exactitude? L'esprit humain est une drôle de chose. Mais je sais que cette habitude s'est installée dans ma jeunesse, quand la nourriture était utilisée comme récompense. Elle peut aussi découler du fait que nous n'étions pas riches. Nous nous demandions souvent si nous allions avoir assez de nourriture. Par conséquent, l'impression de pouvoir avoir l'estomac vide génère encore de grandes inquiétudes en moi.

N'importe lequel de ces sentiments me rend anxieuse: la solitude, le stress, le rejet, un estomac vide. Cette anxiété me conduit vers la nourriture que je devrais éviter. Je mange et je mange jusqu'à ce que je me sente si remplie que la douleur initiale disparaît. Certaines personnes m'ont dit que je mange

Chapitre 2 : Changez votre perception de vous-même

pour combler un vide. Avoir l'impression d'être inadéquate et avoir l'impression que ma carrière ne va nulle part sont deux indicateurs d'un vide que je dois combler. Ces deux éléments me donnent une anxiété extrême et répétée. Cela signifie que les deux ont besoin d'être scrutés de plus près. Je dois commencer à en résoudre un à la fois. La solution n'était donc pas seulement briser ces habitudes. Il me fallait aussi créer une habitude plus saine pour gérer l'anxiété. Pour ce faire, je devais tout d'abord prendre le temps d'analyser les raisons qui m'avaient menée à l'anxiété en premier lieu.

L'un des éléments déclencheurs de mon habitude provenait du sentiment de rejet. Que cela vienne de mon conjoint, de quelqu'un au travail, d'amis ou de la famille n'était pas important. Le sentiment de rejet se transformait en une anxiété extrême et je pouvais sentir mon estomac commencer à se retourner.

Tout d'abord, je prends conscience de ce sentiment. C'est très facile pour moi. À la minute où mon corps, mon esprit et mon âme veulent trois tablettes de chocolat et un sac de biscuits, ainsi que des croustilles, cela signifie que quelque chose ne va pas. Je peux donc en être reconnaissante. Je sais alors que quelque chose s'est passé pour que je sois soudainement malheureuse, anxieuse. Parfois, je dois revenir en arrière de quelques heures ou même de quelques jours pour comprendre de quoi il s'agit. Mais en général, si je prends le temps de m'asseoir et de m'écouter, je trouve. Même quand je n'ai pas ces envies, le fait que je rumine sans arrêt les mêmes pensées me donne de bonnes indications. Si je passe mon temps à imaginer être une victime ou à vouloir du mal à quelqu'un, cela signifie généralement que je suis blessée.

Deuxièmement, j'agis. Parfois, ce qui s'est passé doit être abordé de front. Je ne peux pas l'ignorer (et Dieu sait que j'ai essayé!). Chaque fois que je n'ai pas confronté quelqu'un qui à

Chapitre 2 : Changez votre perception de vous-même

mon avis ne m'avait pas bien traitée, je suis devenue anxieuse, j'ai mangé toutes sortes de nourriture malsaine, puis je me suis mise en colère. Je suis une personne sensible, mon seuil de tolérance est donc assez bas en ce qui concerne le sentiment de rejet. Je dois y travailler et c'est ce que je fais. Cela dit, je sais maintenant qu'il est acceptable de parler à quelqu'un qui vous a blessée et de lui expliquer la situation. Il est important que la discussion origine d'une volonté de prendre soin de soi et non à partir d'une colère contre l'autre personne. Vous ne savez pas comment l'autre personne va réagir. C'est donc très important. Si vous leur faites savoir comment vous vous sentez à cause d'eux, vous découvrirez que la plupart du temps il s'agit d'un malentendu ou d'un problème de communication. À cette époque de courriels et de textos, les sentiments derrière le texte ne transparaissent pas toujours correctement. Un communiqué peut parfois être perçu comme sévère même quand il n'est pas destiné à l'être. Parce que j'écris des courriels courts et simples, les gens me demandent parfois si je suis en colère. Je ne le suis pas. J'aime juste en venir directement aux faits.

Crever l'abcès est l'idée clé ici. N'oubliez pas que tous les gens arrivent dans une salle portant leurs propres stress, bagages et émotions, ainsi que les informations qu'ils souhaitent partager. Peu importe à quel point ils vous apprécient (ou non), leur vie vient en premier. C'est sur cela qu'ils vont mettre l'accent. Vous remarquerez que très peu de gens prêtent attention à ce que vous trouvez de si important (comme perdre 25 livres!). Désolée, mais c'est la vie. Il ne faut donc pas avoir peur de prendre des initiatives. Parlez à la personne, rédigez une lettre, écrivez dans votre journal, ou aller prendre une marche pour réfléchir. Faites quelque chose qui soit positif pour vous. Vous n'avez pas besoin non plus de faire une grosse affaire de chaque situation. Si vous approchez la personne, dites ce que vous avez à dire autour d'un café, puis passez à autre chose. Parler n'est pas un si grand

Chapitre 2 : Changez votre perception de vous-même

problème. Mais respecter ce que vous ressentez est très important. Parler fait du bien. Mais n'attendez pas pour agir. La situation va s'empirer et vous deviendrez agressive.

Plus souvent qu'autrement, une conversation rapide sera suffisante. Je sais que mon niveau d'anxiété diminuera immédiatement. Je reprendrai mes saines habitudes alimentaires. Cependant, l'autre personne peut devenir méchante envers vous et vous attaquer. Si cela se produit, il est évident qu'elle est à la source du problème et non vous. Excusez le langage à venir, mais quand cela arrive, dites-vous : « Oh? Ok. Alors tu es un imbécile! Cela explique tout. » Puis évitez-la. C'est plus facile à dire qu'à faire quand cette personne est un frère, un patron, une collègue ou une camarade de classe. Mais faites de votre mieux. Vous ne pouvez pas vous débarrasser de tous les idiots autour de vous. Vous pouvez seulement contrôler la façon dont vous réagissez par rapport à eux. Rassurez-vous. Une fois que vous deviendrez plus solide, ils trouveront une autre victime à attaquer. Jusque-là, réduisez, si possible, le temps que vous passez avec ces gens. J'ai dû prendre des mesures draconiennes dans ma vie personnelle pour m'assurer que seules de bonnes personnes puissent se retrouver dans mon environnement.

La clé est d'agir et de le faire maintenant. Oui, il faut garder les yeux sur l'horizon et sur vos objectifs, mais pas au point d'ignorer les problèmes actuels. Vous devez voir les deux. Parfois la vie quotidienne n'est pas agréable. Vous devez continuer à visualiser vos rêves et à agir pour les atteindre, et ce, à chaque jour. Travaillez pour trouver des solutions à ces problèmes au jour le jour. Cela vous aidera certainement à atteindre vos objectifs et vos rêves.

Votre façon d'agir au quotidien est un choix que vous faites. Vous pouvez choisir d'agir différemment. Nous nous

Chapitre 2 : Changez votre perception de vous-même

attribuons souvent des étiquettes et en arrivons à croire certaines choses sur nous-mêmes (ce qui est aussi une croyance). Eh bien, voici comment je m'étais étiquetée : je suis une mangeuse émotionnelle et une fille du genre tout-ou-rien. Il y a quelques années, mon père m'a dit : « Pourquoi veux-tu prendre la peine d'aller à l'université? Tu n'es pas intelligente. Pourquoi ne pas simplement te marier et avoir des enfants? » Comme Oprah le dirait, j'ai eu un moment « Ah Ah![5] ». Ce n'est pas arrivé tout de suite ni même consciemment. Je suis restée bouleversée et triste pendant de longues années sachant que mon père avait une si mauvaise opinion de moi. Avec le temps, je me suis éloignée de lui et m'en suis détachée. Et j'ai terminé le collège. Je suis allée ensuite à l'université pour obtenir mon baccalauréat puis ma maîtrise. Mais dans le processus, j'ai dû me distancer parce qu'au lieu de m'aider à m'élever, il me tirait vers le bas. Ce fut difficile mais nécessaire. Avoir un parent qui pensait cela de moi n'améliorait pas mon estime de moi. Et il nourrissait les habitudes négatives de ma vie.

En raison du manque de confiance de mon père en moi, j'ai toujours ressenti une pression immense à exceller, comme sous la menace d'une arme à feu. Personne ne m'a donné autant de pression que moi-même. J'ai toujours senti que je devais comprendre les choses dès la première fois et que je devais tout faire bien et rapidement. Et je devais sans cesse avoir une attitude positive. Quelles attentes irréalistes pour moi-même! Voilà l'histoire que je m'étais fabriquée. Donc, dès que je me sentais critiquée par d'autres ou par moi-même, j'avais le sentiment qu'on ne m'aimait pas et je me mettais à la recherche de malbouffe.

---

[5] Un moment Ah Ah! est vraiment spécifique à Oprah qui l'utilise (*Ah Ah! moments*) en voulant dire: une révélation, ou Eureka! Je vais utiliser le terme d'Oprah dans mon texte.

Chapitre 2 : Changez votre perception de vous-même

Maintenant que nous comprenons d'où les comportements et les habitudes proviennent, brisons-les.

La meilleure façon de ne pas laisser votre moi plus infantile prendre le relais, c'est de rester dans le moment présent. C'est le principe de réalité. Votre réalité d'aujourd'hui n'est en rien comparable à celle de votre enfance. Les choses sont différentes. Vous pouvez maintenant avoir votre propre salaire, votre propre maison et vos propres enfants. Vous êtes libre de partir si une situation est préjudiciable à votre santé ou à votre sécurité. Votre vie est maintenant tout-à-fait différente de votre vie en tant qu'enfant où vous étiez obligée de vivre chez vos parents.

Voici comment se débarrasser d'une mauvaise habitude :

Étape 1: Identifier la mauvaise habitude

Étape 2: Associez-y autant de douleur que possible si vous la conserviez. Visualisez et ressentez toutes les mauvaises choses qui pourraient vous arriver si vous entreteniez cette habitude pendant encore des années. Pensez à toutes les grandes choses que vous allez rater. Faites résonner dans tout votre corps les effets de la mélancolie, de la tristesse et de la déprime générés par tout ce que vous n'obtiendrez pas.

Étape 3: Trouvez une habitude saine pour remplacer celle qui est néfaste. Rattachez-y énormément de plaisir. Visualisez les émotions merveilleuses qu'elle vous fera ressentir et comment vous vous sentirez dans plusieurs années. Ressentez à quel point votre vie deviendra formidable parce que vous allez changer cette simple habitude. Utilisez la physiologie de votre corps pour refléter le nouveau vous.

Étape 4: Recréez dans votre esprit tous les détails de l'événement qui vous cause ces douleurs et visualisez-les à travers la nouvelle habitude. Voyez à quel point vous progressez. Associez des sentiments positifs à cette nouvelle façon de réagir.

Répétez ces étapes jusqu'à ce que la nouvelle habitude fasse partie de vous – du nouveau vous, de votre nouvelle histoire. Choisissez vos mots avec soin. Dire que quelque chose est impossible est entièrement différent de dire que quelque chose est difficile, mais faisable.

Pour plus de détails sur la façon d'effectuer ces étapes, je vous renvoie aux CD de Tony Robbins[6]. Ils sont extraordinaires.

Rester dans le présent et rester concentrée est important. Un jour, alors que j'étais en train d'écrire dans mon journal, une partie de moi a voulu arrêter d'écrire et allumer la télévision sur la chaîne OWN. En fait, bien que l'émission que je voulais voir pouvait m'être utile (*Finding Sarah*), j'ai réalisé qu'elle

---

[6] Tony Robbins: *Personal Power*.

Chapitre 2 : Changez votre perception de vous-même

allait me détourner de ce que je faisais. Et ce fut mon signal d'alerte. Les cloches retentissaient à mes oreilles! Je sentais que si je continuais à écrire, j'allais découvrir quelque chose d'important. Et ce fut le cas. J'ai entendu un profond appel à l'aide provenant de cette partie blessée en moi qui voulait me parler. Et Dieu merci, j'ai écouté. Je n'ai pas essayé de tout recouvrir par la télévision ou la malbouffe. Ce fut libérateur.

Rester concentrée est un défi, mais cela devient plus facile. C'est comme un muscle : plus vous l'utilisez, plus il devient fort. Oui, les défis deviennent plus grands à mesure que vous grandissez. Vous serez aussi plus forte et mieux équipée pour y faire face. Lorsqu'on découvre une douleur enfantine encore inconnue, on ne sait jamais ce qui va en ressortir. Parfois, ce n'est pas si grave et vous pouvez vous dire : « Wow, ma petite chérie. Je peux m'en occuper. Tu n'aurais pas dû souffrir tout ce temps à cause de quelque chose qui n'était pas si dramatique que ça. » (Bien que cela ait pu être grave pour une enfant de huit ans, cela peut ne pas l'être pour quelqu'un de 40 ans). D'autres fois, vous pouvez découvrir quelque chose qui vous rend mal à l'aise, incertaine, un peu déprimée, ou bizarre. Mais jusqu'à présent, je n'ai pas encore découvert quoi que ce soit qui ferait l'effet d'une bombe au point de préférer ne pas pouvoir m'en souvenir. Tout doit s'évacuer. Votre moi infantile, qui a ces souvenirs, a besoin de savoir que c'est acceptable de les ramener à la surface. Ce moi infantile a besoin de savoir que vous serez là avec amour et respect, quoi qu'il arrive. N'oubliez pas que si vous éprouvez le besoin de consulter un thérapeute, c'est tout-à-fait acceptable. N'hésitez pas. Cela vous aidera à vous rapprocher de vos objectifs.

Maintenant que nous avons étudié les habitudes, il est important de parler de croyance. Les deux sont des pierres angulaires vitales influençant la perception que nous avons de nous-mêmes.

Chapitre 2 : Changez votre perception de vous-même

LES CROYANCES

Alors, qu'est-ce qu'une croyance? Selon Wikipedia, **la croyance** est l'état mental dans lequel un individu considère une proposition ou une prémisse comme vraie.

Par exemple, je crois que j'ai besoin de lutter pour maintenir mon poids. Je crois aussi que je peux perdre du poids. Mais je ne crois pas que je puisse à jamais éviter de le reprendre. Je crois aussi que je vais manquer de nourriture. Je dois manger autant que possible à chaque repas. Je ne peux rien laisser dans mon assiette au cas où il n'y aurait rien à manger au repas suivant. Je crois donc que j'ai besoin d'avoir le ventre plein en tout temps pour m'assurer que je suis bien, que je suis correcte.

Alors, comment change-t-on une croyance malsaine? En la remplaçant par une autre qui soit saine. Une croyance saine est une orientation convaincante qui est bénéfique pour vous et qui vous aide à vous transformer en cette personne que vous voulez être. La meilleure façon d'en savoir plus sur la façon de le faire est avec les CD audio de Tony Robbins[7]. La première fois que je les ai écoutés, je n'étais pas tout à fait prête à absorber tout ce qu'il disait. Mais je m'y réfère régulièrement pour résoudre certaines situations spécifiques. Je tiens également à vous recommander à ce sujet le livre de Jack Canfield dont la méthode a fonctionné pour moi.[8]

Lorsque vous travaillez sur le remplacement d'une croyance, le fait d'ajouter beaucoup d'émotions et de sentiments à ces croyances aidera le processus à donner de meilleurs résultats. Je veux supprimer la douleur de ma vie et y ajouter la joie. Je dois donc réduire la douleur provenant des anciennes

---

[7] Tony Robbins: *Personal Power*
[8] Jack Canfield: *The Success Principles: how to get from where you are to where you want to be.*

Chapitre 2 : Changez votre perception de vous-même

croyances et me moquer gentiment d'elles. La combinaison de ces deux éléments permettra d'accélérer le processus. Rappelez-vous que les croyances liées à vos jeunes années ont une telle emprise parce qu'elles sont pleines d'émotions profondes et puissantes.

Comment supprimer une croyance limitante :

Étape 1: Identifiez cette croyance qui vous limite. Dans mon cas, c'était la conviction qu'il arrivera des jours où je n'aurai pas de nourriture à manger. Les sentiments derrière cette croyance étaient la sensation de peur et d'insécurité ainsi que la peur de mourir de faim.

Étape 2: Riez de cette croyance d'une façon positive de manière à éliminer les empreintes de la douleur. En ce qui me concerne, j'ai répété la visualisation suivante à haute voix et à plusieurs reprises :

«Je vis dans un pays où tout est préparé avec de la bonne nourriture saine et avec un peu de chocolat. Je danse, chante et joue avec la nourriture. Elle ne partira jamais ni ne disparaîtra. Elle est toujours là pour moi. »

Étape 3: Créez une nouvelle croyance, une croyance saine.

J'ai à ma disposition autant de nourriture délicieuse que je veux et chaque fois que j'en ai envie.

Selon Jack Canfield,[9] vous devez répéter votre nouvelle croyance plusieurs fois par jour, pendant au moins 30 jours. Certaines de mes croyances étaient si difficiles à chasser que j'ai dû continuer pendant deux et même trois mois. C'est plus

---

[9] Jack Canfield: *The Success Principles: how to get from where you are to where you want to be.*

Chapitre 2 : Changez votre perception de vous-même

efficace quand vous êtes déterminée à 100 % et que vous avez associé de fortes émotions positives à la nouvelle croyance. Ce que je fais : je garde un petit carnet dans mon sac. Chaque fois qu'une croyance surgit dans mon esprit, j'en prends note et ensuite je pratique cet exercice. Je ne m'attaque qu'à une croyance à la fois. Lorsque je me suis débarrassée d'une croyance, je consulte mon carnet et je choisis la croyance suivante qui me dérange le plus. Visualiser votre vie avec cette nouvelle croyance est également d'une grande aide.

La perception est une chose dangereuse. La manière dont vous percevez une situation, vous percevez vous-même ou d'autres peut vous édifier ou vous démolir. J'avais développé une perception de moi-même basée sur ce que les adultes me disaient quand j'étais jeune. Je continue encore aujourd'hui mes efforts pour changer ces mauvaises perceptions. Ce n'est pas toujours facile, mais cela en vaut la peine. Je devais enlever l'empreinte et les mauvaises émotions de mon passé. Je l'ai fait en les associant à une habitude simple et en changeant cette habitude. Lorsque vous jouez le rôle de la victime et que vous dites que vous êtes ce que vous êtes à cause de ce qui s'est passé il y a 30 ans, cela peut devenir difficile. Alors, prenez une seule chose à la fois. Confirmez si c'est une croyance ou une habitude et ensuite introduisez la modification. Ajoutez des sentiments positifs à cette nouvelle habitude et à cette croyance. Visualisez tout le bien que cette nouvelle perception apportera à votre vie. Croyez que vous êtes entièrement responsable de votre vie et de vos actions et cessez de mettre le blâme sur les autres ou sur les événements passés. Agissez comme si vous viviez déjà maintenant avec la nouvelle croyance ou la nouvelle habitude.

N'est-il pas étonnant de voir pendant combien d'années nous pouvons porter des fardeaux inutiles? Ne méritez-vous pas une meilleure vie? Est-ce que cette personne qui vous a blessée mérite vraiment tout ce temps que vous lui consacrez? C'est le moment maintenant. Il y a beaucoup de ressources dans ce monde pour vous aider à trouver la liberté de devenir ce que vous êtes de meilleur. Faites-le un jour à la fois. Ce n'est pas en un jour que vous êtes devenue ce que vous êtes aujourd'hui. Mais plus vous travaillerez sur vous-même, mieux vous vous sentirez, plus vous aurez envie d'agir et plus le développement de la nouvelle habitude s'accélèrera. Ce n'est pas nécessairement douloureux. J'ai brisé quelques habitudes bien établies incluant le fait de fumer. Et je suis étonnée de voir avec quelle facilité j'ai pu m'en défaire. Une fois que vous êtes prête dans votre esprit, votre cœur et votre âme, une fois que vous vous êtes déterminée à réussir à 100 %, c'est du gâteau!

Chapitre 2 En bref

- Assumez à 100 % la responsabilité de votre vie, de vos choix et de vos actions.
- Identifiez vos mauvaises habitudes. Remplacez-les par des meilleures, par des habitudes qui pourront vous aider à grandir.
- Associez des sentiments à vos anciennes et à vos nouvelles habitudes.
- Identifiez vos croyances douteuses et modifiez-les pour des croyances plus inspirantes qui vous aideront à grandir.
- Votre perception d'une situation est-elle correcte? Prenez le temps de l'examiner, sans émotion.
- Réécrivez votre histoire. Décrivez comment vous voudriez qu'elle soit. Ne laissez pas les vieilles histoires définir qui vous êtes aujourd'hui

Chapitre 3 : Contrôlez vos pensées

Tout ce qu'il vous faut pour sortir de l'engourdissement dû à l'inertie et à la frustration est de vous comporter comme s'il vous était impossible d'échouer.

DOROTHEA BRANDE
Auteure et éditrice hautement respectée

Si vous devez lire ou retenir un seul chapitre de ce livre, c'est celui-ci. Il changera votre vie. Vos pensées sont vraiment à la base de ce que vous serez demain. Ce que vous pensiez hier, la semaine dernière, le mois dernier a fait de vous ce que vous êtes aujourd'hui. J'avais l'habitude de penser : « Je dois lutter pour maintenir mon poids, » et c'est exactement ce que je vivais. Fascinant, non ?

Avant d'aller plus loin, j'insiste sur le fait que je ne connais pas votre situation personnelle. Si vous avez des problèmes psychologiques graves, j'ose croire que vous consultez un spécialiste. Parmi tous les types de thérapies disponibles, il y en a une qui vous convient. Il vous faut croire au fond de vous-même que vous méritez une vie fantastique et au besoin, consultez un spécialiste pour vous aider à vous débarrasser de ces vieux traumatismes qui s'accrochent.

LES PENSÉES DES AUTRES

Après ma perte de poids, ce qui a été le plus difficile pour moi a été de changer la perception que j'avais de mon corps. J'avais perdu 25 livres et reçu plusieurs traitements pour faire disparaître la cellulite; les photos avant-après étaient étonnantes. J'avais très hâte d'essayer des costumes de bain pour notre lune de miel. J'y étais arrivée, mais au lieu de me dire : « Wow! Je suis magnifique! » je voyais seulement les défauts. Dans ma tête, je me tenais le même discours qu'avant ma perte de poids. Ma solution? Perdre 10 livres de plus... Brillant! Mais est-ce que je me serais acceptée davantage après avoir perdu un autre 10 livres? Non. Je peux vous assurer que je n'aurais pas été plus heureuse si j'avais perdu 10 livres de plus. J'avais un besoin urgent de changer la perception que j'avais de moi-même et, plus particulièrement, mes pensées.

Beaucoup de gens m'ont dit combien ils me trouvaient belle et d'autres m'ont dit que je paraissais 10 ans plus jeune; mais j'avais l'impression qu'ils parlaient de quelqu'un d'autre. Je ne m'associais pas à ce qu'ils disaient. *Ce n'est pas moi!* Puis, j'ai réalisé que ce discours que je me tenais dans ma tête appartenait à mon moi adolescent, alors que j'étais perçue par les autres comme un vilain canard, comparée à ma sœur (elle ne se gênait pas pour renforcer cette perception!) Comme j'étais fatiguée de traîner ces voix vieilles de 30 ans. Ça m'a aidée de trouver d'où provenaient ces pensées et ces voix mesquines. Sachant qu'elles provenaient surtout de mes frères et sœurs qui, manquant eux-mêmes d'assurance, me rabaissaient pour s'élever, m'a éclairée. J'en étais au point où je voulais leur remettre leurs pensées! « Gardez-les, je suis belle et j'ai l'air jeune parce que je raffole des masques de beauté et des traitements non chirurgicaux comme l'atténuation des rougeurs, le raffermissement de la peau et que je pratique une hygiène rigoureuse du visage. Je raffole aussi des traitements contre la cellulite, des crèmes et des massages. Je m'entraîne régulièrement, je mange santé, je me limite dans les desserts, l'alcool et les mauvais glucides. C'est pourquoi j'ai l'air si bien et c'est pourquoi je suis fière lorsque mon mari me dit que je suis magnifique. »

Chapitre 3 : Contrôlez vos pensées

Nous avons tous des milliers et des milliers de pensées par jour. Je ne vous demande pas de les surveiller toutes. Ce serait un travail à temps plein. Mais vous pouvez surveiller vos pensées dominantes. Ce n'est pas facile. On ne change pas du jour au lendemain quelque chose qu'on fait depuis 10 ou 20 ans. Alors comment doit-on s'y prendre?

Étape 1 : Pendant trois journées complètes, incluant une journée de congé (fin de semaine), surveillez vos pensées[10]. Et faites-le vraiment. Écrivez ou enregistrez tout ce qui vous passe par la tête. C'est ardu, mais nécessaire pour être en mesure de passer aux deux étapes qui suivent. Comme on dit : « Comment pouvez-vous savoir où vous allez si vous ne savez pas où vous êtes! » Où vous êtes est ce que vous êtes aujourd'hui avec vos pensées actuelles et celles des mois et des années précédentes. Alors, allez-y, notez-les. Mon thérapeute croyait que tout écrire pouvait être dangereux, que de découvrir toutes ces pensées négatives qui étaient dans ma tête, pourrait me rendre dépressive. Moi j'étais d'avis que ces pensées étaient déjà là et qu'elles affectaient déjà ma vie de façon négative; alors pourquoi ne pas les affronter? Ce que j'ai fait et que je fais encore.

Étape 2 : Cette étape consiste à remplacer ces pensées. Mais comment se débarrasse-t-on d'une pensée? En la remplaçant par une belle pensée plus puissante. Ne faites pas que marmonner vos nouvelles pensées, associez-les à des émotions fortes et positives.

Prenons un exemple :

J'avais l'habitude, dès mon réveil, de prévoir négativement absolument tout ce qui m'arriverait durant la journée. Il pouvait s'agir d'une réunion, d'une rencontre avec quelqu'un

---

[10] Jack Canfield: The Success Principles: how to get from where you are to where you want to be.

Chapitre 3 : Contrôlez vos pensées

que je n'aimais pas particulièrement ou d'un événement pouvant mal tourner au cours de la journée. J'imaginais toutes les choses désagréables qui pourraient survenir. Quand j'ai commencé à noter mes pensées, j'ai eu du mal à croire le nombre de pensées négatives qui affluaient incessamment dans ma tête, sans surveillance. C'est là que j'ai compris pourquoi j'étais constamment anxieuse. J'étais immergée dans un bain de pensées négatives à cœur de jour! Mais, je savais que je pouvais gérer ce genre de pensées et faire de ma journée, une journée splendide et relaxante. Vous souvenez-vous la dernière fois où vous vous êtes sentie bien? Vous souvenez-vous vous être réveillée en pleine forme et avoir gardé cette impression toute la journée? Vous souvenez-vous que lorsque vous étiez calme, les gens autour de vous l'étaient aussi et que tout allait comme sur des roulettes? Pourquoi ne pas viser vivre ainsi chaque jour!

LES PENSÉES À ÉCOUTER

Voici une note à propos de la différence entre une pensée négative et une pensée de mise en garde. Vous devez être en mesure de les différencier et de porter attention à celles qui vous mettent en garde. Supposons, par exemple, que vous devez vous présenter devant les membres de la direction pour demander et obtenir l'approbation financière pour un projet spécial. Vous préparez tout mais en pratiquant votre discours, il y a cette voix agaçante qui vous dit que ceci ou cela pourrait mal tourner ou que vous devriez vous préparer des réponses au cas où un membre du groupe ne serait pas d'accord avec vos arguments. Soyez l'avocat du diable et allez-y : préparez-vous à entendre les pires objections ou questions que vous pouvez imaginer. C'est la préparation de base. Ces pensées sont correctes si elles vous aident à mieux vous préparer pour la rencontre.

Surveillez vos pensées de façon à ce qu'elles vous gratifient au lieu de vous punir ne veut pas dire de négliger votre intuition. Vous devez toujours être attentive à votre intuition parce qu'elle peut vous être utile. Mais lorsqu'une une pensée, qui n'est pas gratifiante et qui de plus ne vous aide pas à atteindre votre objectif, vous revient constamment, il pourrait être bon de la pondérer. Ne changez pas vos pensées de façon mécanique même si parfois, vous auriez tendance à le faire. Pour les petites choses, comme par exemple « je vais rater l'autobus et je serai de mauvaise humeur », vous pourriez changer pour « je vais agir intelligemment, mieux m'organiser et quitter un peu plus tôt; je vais marcher tranquillement jusqu'à l'autobus au lieu de courir pour l'attraper de justesse. »

COMMENT Y SUIS-JE ARRIVÉE?

Après ces trois jours à noter mes pensées négatives j'avais identifié mes habitudes. Puis, au lieu de me réveiller avec un sentiment négatif sur la journée à venir, je me suis mise à me sentir reconnaissante. Je restais au lit un peu plus longtemps et je pensais à tout ce que j'aimais de ma vie : mon mari, ma santé, un bon travail rémunérateur, de bon collègues et amis, etc. C'était ainsi que je démarrais ma journée. Puis je me levais, m'entraînais presque quotidiennement après quoi, je méditais. Après ma méditation je prenais un peu de temps pour visualiser ma journée. Si j'avais à faire quelque chose que je n'aimais pas ce jour-là, j'essayais d'y trouver un côté positif. Je me visualisais comme étant calme, détendue et concentrée toute la journée. C'est exactement ce que j'ai fait lorsque j'ai visualisé mon mariage. Je n'ai accepté aucune pensée négative. Les pensées négatives sont comme les mauvaises herbes : vous en laissez entrer une et elle se multiplie. À chaque fois que j'ai eu une pensée négative, je l'ai consciemment remplacée par une pensée positive à laquelle

Chapitre 3 : Contrôlez vos pensées

j'ai relié une émotion. Je ne peux vous dire à quel point il est important de lier une émotion (joie, bonheur, contentement, satisfaction, etc.) à vos nouvelles pensées. Au début, c'est un processus qui demande beaucoup de concentration. J'ai trouvé que lorsque je faisais quelque chose d'habituel, comme me brosser les dents, je devais me concentrer davantage pour ne pas laisser mon esprit vagabonder. J'ai donc voulu utiliser ces moments pour améliorer mon bien-être. Puis, peu à peu, la nouvelle habitude de pensée s'est ancrée. Maintenant, les jours où je me lève sans prendre le temps de faire ce je viens d'expliquer, je ne me sens pas aussi bien et mes journées sont nettement moins gratifiantes.

Si jamais vous vous demandez si une pensée est bonne ou pas, essayez ceci. Imaginez-vous disant cette pensée à votre fille, votre fils, votre meilleure amie ou un collègue. La leur diriez-vous ? Ou diriez-vous plutôt quelque chose de plus beau, de plus gratifiant et de plus positif ? Si la réponse est oui, alors, ne pensez-vous pas en méritez autant ? OUI, vous en méritez autant.

SOURIEZ

Souriez. Lorsque votre journée est moche, redressez vos épaules, respirez profondément et souriez même si vous n'en avez pas envie. J'avais déjà lu ça, mais sans avoir compris combien un sourire peut influencer l'humeur, jusqu'à ce que je me mette à sourire de façon régulière. Natalie Cole chante la chanson « Smile ». J'adore cette chanson. Quand je me sens triste ou lorsque mon esprit persiste à générer de mauvaises pensées, j'écoute cette chanson puis... je souris.

J'aime aussi me rappeler que ce qui m'attriste, me fâche ou me rend anxieuse aujourd'hui, ne voudra plus rien dire dans une semaine, un mois ou un an. Je me dis cette phrase : « Cela

Chapitre 3 : Contrôlez vos pensées

aussi va passer. » La plupart des choses ne méritent pas que j'y perde mon calme, mon bonheur et ma joie.

Un jour, les pensées négatives disparaîtront.

QU'EST-CE QUE J'AI FAIT PRÉCISÉMENT?

Au jour le jour, qu'est-ce que tout cela veut dire?

1. Pendant trois jours, notez vos pensées négatives.
2. Remplacez-les par des pensées positives et ressentez-les.
   a. Je suis une réussite.
   b. Je suis une gagnante.
   c. Je suis une bonne personne.
   d. Je suis en train d'atteindre cet objectif et avec succès.
   e. Je mérite d'être riche.
3. Votre vieux moi va se battre contre cela mais parlez-vous avec gentillesse et dites-vous que vous êtes prête à aller de l'avant. Comportez-vous comme si vous aviez déjà atteint cet objectif. Lorsque vous faites l'exercice de visualisation, visualisez-vous après six mois de réussite, un an, cinq ans, 10 ans et 20 ans. Cela vous aidera à demeurer concentrée sur vos pensées.
4. Me regarder dans le miroir m'aide. Lorsque ma petite voix crie de peur et d'anxiété, me regarder me calme. Je n'ai plus huit ans, j'en ai plus de quarante et j'ai le contrôle. Regardez-vous droit dans les yeux. Laissez monter les émotions si elles sont prêtes. Ne les étouffez pas et profitez-en pour les gérer. Mais ne les forcez pas. Parfois, je trouve qu'elles ne sont pas prêtes et mon moi enfant se calme.

Chapitre 3 : Contrôlez vos pensées

5. Disciplinez-vous. Votre vieux moi tentera tout pour vous faire agir comme avant, pour rester dans sa zone de confort. Refusez. Ne laissez aucune porte ouverte.

6. Ouvrez votre cœur. Ce que je veux dire c'est de vous ouvrir aux bonnes choses qui arrivent dans votre vie. Je sais pourquoi rien de ce que je voulais avant n'arrivait. Je n'étais pas prête à les recevoir. Peu de temps après avoir commencé à mettre en pratique ce que je mentionne ici, j'ai eu un appel d'une maison d'édition. Pouvez-vous croire que ma première réaction a été d'être exaspérée parce que l'éditeur me dérangeait au travail? Je me demandais pourquoi il ne m'avait pas écrit ou fait parvenir l'information par courriel; j'aurais pu la lire à ma convenance? Et cela est arrivé alors que c'était une journée tranquille. L'Univers répondait à ma prière d'être publiée et je refusais de le voir et d'accueillir la nouvelle. Je me demande combien de prières exaucées j'ai refusé de voir ou que je n'ai même jamais remarquées! Ouvrez votre cœur. Croyez-y, ça peut arriver. En passant, j'ai rappelé l'éditeur la journée même et il m'a donné beaucoup d'information très intéressante.

7. Cette étape est vraiment importante : *agissez comme si*. Si votre vieux moi et vos vieilles pensées vous ont amenée où vous êtes aujourd'hui, imaginez où vous voulez être et commencez à penser et à agir comme si vous y étiez déjà. Mon mari et moi en avons assez mais vraiment assez des hivers froids au Canada. Nous aimons San Diego et nous essayons de nous y rendre à chaque année pour les vacances. Une année, j'ai dit que nous devrions chercher un condo là-bas même si nous n'étions pas prêts à déménager. En plus, je voulais qu'on cherche un condo haut de gamme tout comme si

nous pouvions nous le permettre. J'ai expliqué à mon mari le concept d'*agir comme si*. C'est un outil fantastique pour nous aider à réaliser tout ce que nous voulons dans votre vie. Il permet aussi d'établir si nous allons dans la bonne direction. On sait qu'on va dans la bonne direction lorsqu'on se sent bien. Nous sommes tellement bonnes à cacher nos sentiments par rapport à la nourriture et à l'alcool que nous ne savons plus les reconnaître. Imaginez que vous rêvez de devenir un patron, un leader. Vous commencez à *agir comme si;* vous vous habillez comme une directrice, vous commencez à prendre votre place et vous prenez la parole aux réunions. Vous commencez à aider et à faire du mentorat auprès d'employés, puis vous réalisez que vous vous sentez de plus en plus mal à l'aise. Vous réalisez que l'idée de diriger des gens n'est peut-être pas pour vous, que vous devriez peut-être vous concentrer à être efficace et à exceller dans un autre domaine. Allez au fond de vous-même, travaillez à identifier vos aptitudes, commencez à les développer et soyez la meilleure en cela. Écoutez et ressentez. Votre corps, votre cœur et votre âme ont toutes les réponses. Vous n'avez qu'à les écouter.

Voilà les astuces que j'ai utilisées pour m'aider à changer mes pensées. Ce n'est pas gagné, le vieux moi refait surface à l'occasion. Cela nécessite de demeurer concentrée de façon constante et pendant longtemps pour en arriver à vous installer dans votre vrai moi et laisser tomber les couches du faux moi qui se sont superposées au fil de vos expériences et de vos rencontres.

J'insiste sur le fait que rien ne changera si vous ne changez pas vos pensées. J'ai remarqué que j'ai plus de difficulté à me concentrer sur des pensées bonnes et positives lorsque je suis fatiguée ou malade. Dans ces moments-là, les mantras peuvent être utiles. Vos mantras doivent être positifs, puissants et simples. Il est préférable de répéter un mantra plutôt que de laisser votre esprit errer dans des lieux où vous ne voulez pas qu'il aille.

IDÉES

Au lieu de	Dites plutôt
Je n'aime pas mes cuisses, mon ventre, etc.	J'aime mon sourire, mes cheveux, mes yeux, etc.
Cette réunion sera l'enfer	À cette réunion, je vais apprendre XX. Je vais voir XX que j'aime bien.
Je hais mon travail	J'aime être capable de me payer ces choses que je veux et dont j'ai besoin. Je me suis fait de bons amis au travail. Et j'ai rencontré mon mari au travail! C'est bien que je ne sois pas satisfaite, car maintenant je peux chercher ce que je veux et changer. Tony Robbins dit qu'être insatisfait est le meilleur état dans lequel on peut se trouver : ça nous fait bouger.
Je ne peux pas sentir cette personne	Concentrez-vous sur les gens que vous aimez et appréciez-les. Ne laissez pas de place dans votre esprit à ces personnes que vous n'aimez pas. Ne les laissez pas squatter votre tête!
Je ne serai pas capable de maintenir mon poids	Ce sont là des voix et des croyances du passé. Aux poubelles! Aujourd'hui, je suis une femme qui aime être en santé, je suis heureuse de mes choix de nourriture et d'entraînement. Ma détermination, ma force, mon courage et ma persévérance m'aident à faire les bons choix de nourriture et d'entraînement

| | à chaque jour pour améliorer ma santé. |

Ayez du plaisir à changer. Riez de vos pensées négatives et à l'occasion, remplacez-les par une blague. Cela supprime le sentiment de drame qui accompagne souvent les pensées négatives. Aussi, utilisez vos affirmations (positives, gratifiantes et liées à de bonnes émotions) pour remplacer les pensées négatives qui s'accrochent.

PENDANT COMBIEN DE TEMPS?

Vous voulez probablement savoir combien de temps cela prendra? La seule réponse valable est « tant et aussi longtemps que ce sera nécessaire. » Cela dépend de l'épaisseur et de la force du mur, celui que vous êtes en train d'abattre. Combien de temps vous a-t-il fallu pour en arriver là? À quel point êtes-vous prête à changer? À tout le moins, il vous faudra déployer des efforts quotidiens constants, pendant des mois, pour changer vos pensées négatives en pensées positives et gratifiantes. Vous allez devoir franchir des barrages et rencontrer une grande résistance. Vous allez tomber sur vos propres obstacles aussi bien que sur ceux de la vie. Gardez à l'esprit que ceux-ci sont des tests. Ils sont là pour valider si vous êtes prête à passer à l'étape suivante. De savoir cela vous aidera à changer votre attitude à leur égard. Vous devez les accueillir et crier à tue-tête « Oui, je suis prête à les affronter, je suis prête à les vaincre et à accéder à un niveau supérieur. » Si vous n'affrontez pas vos obstacles, ils vont revenir jusqu'à ce que vous leur fassiez face. Je crois fermement que les tests se présentent lorsque vous êtes capables de les réussir. Souvenez-vous que vous ne grandirez pas si vous ne faites pas face à ces événements. Je vous garantis que, si vous croyez avoir résolu un côté négatif de vous-même, la vie se chargera de vérifier si c'est bien vrai.

Chapitre 3 : Contrôlez vos pensées

Maria Angelo a écrit que les mots sont des choses[11]. Vos pensées sont aussi des choses. Elles sont réelles : elles créent votre vie. J'étais à la croisée des chemins. Je savais que je devais changer mes pensées si je voulais que ma vie change. Selon les normes, j'étais déjà un succès. Provenant d'une famille pauvre, j'ai obtenu deux diplômes (BAC et maîtrise) et je suis devenue vice-présidente d'une importante entreprise de consultation en TI. Mais, le plus important est que j'ai attiré dans ma vie l'homme le plus extraordinaire et le plus beau; en plus il est gentil, drôle, terriblement intelligent et amoureux. J'en conclus que j'ai fait quelque chose de bien! Mais, quelque part au fond de moi, il y avait de vieilles voix qui essayaient de me faire croire que je ne méritais rien de tout cela. Que tout cela appartenait à quelqu'un d'autre et que ce n'était qu'une question de temps avant que je ne perde tout... auto sabotage. Vous connaissez ce concept. Il m'a fallu 20 ans pour obtenir tout cela et voilà comment je pensais. Vous vous rendez compte! Cela a été difficile et m'a demandé beaucoup d'efforts, mais j'y suis parvenue parce que j'ai osé croire en moi et que j'ai investi dans une psychothérapie à long terme. Mais c'est seulement récemment, à l'aide de cette thérapie, que j'ai commencé à croire que je méritais tout ce que j'avais. J'avais toujours ces pensées étranges qui me disaient que je ne le méritais pas, mais en les contrôlant et en croyant en moi, ces pensées ont diminué et se sont espacées.

Je ne voulais pas prendre un autre 20 ans pour en venir à croire que je méritais tout ce que j'avais. C'est à ce moment que j'ai réalisé que je devais changer, complètement et irrévocablement, ma façon de me percevoir. Et cela a commencé avec mes pensées. Aux poubelles les vieilles pensées, on repart en neuf!

---

[11] Entendu sur OWN, pendant une classe de maître.

Chapitre 3 : Contrôlez vos pensées

TEST

Un jour j'ai eu mon test. J'étais en congé, détendue, et lorsque des pensées négatives me traversaient l'esprit, (peu importe si j'étais en congé ou pas, je pouvais trouver des raisons de me plaindre), je me disais que j'avais déjà réglé tout cela, alors j'étais détendue. Puis un flot d'événements incroyables sont arrivés en deux jours. J'avais un rendez-vous à la banque pour un nouveau compte. La gérante était malade et a dû reporter le rendez-vous au lendemain. Je m'étais blessée au cou et j'avais besoin de voir l'ostéopathe qui était malade elle aussi; le rendez-vous a donc été reporté. J'ai passé toute la fin de semaine de la fête du Travail à souffrir. Lorsque nous sommes allés à la banque, mon mari et moi, nous avons ouvert le nouveau compte; mais comme il y avait des problèmes d'ordinateur, ça nous a pris deux heures au lieu des 30 minutes prévues. On nous a dit que plus tard, en soirée, nous aurions accès en ligne à notre compte. Ce soir-là, mon mari a accédé au site de la banque, mais moi ça m'a pris deux jours avant d'y parvenir. J'avais des chèques en circulation et je ne pouvais pas déposer l'argent dans le compte!

Plutôt, pendant la semaine, mon mari et moi étions allés à un magasin d'articles de bureau pour acheter des meubles que nous avions fait livrer. Vous savez ce genre d'endroit où on vous dit que la livraison se fera entre 9h et 17h. Ils ne peuvent pas vous donner de rendez-vous spécifique. Alors nous avons perdu la journée à attendre le livreur. Il est arrivé tôt, mais, surprise, il n'avait que l'article numéro un. Ils n'ont pas tout livré dans le même voyage! Nous avons donc dû attendre encore et quand le deuxième livreur est finalement arrivé, il m'a suggéré de descendre à la porte principale pour monter moi-même le meuble! J'ai dit « Non, pas question! » Il les a donc montés. Après son départ, lorsque mon mari et moi avons ouvert les boîtes, nous avons réalisé que ce n'était pas la bonne grandeur. Ce n'était pas ce que nous avions commandé. J'ai téléphoné au magasin et ils ont confirmé que ce n'était pas la bonne grandeur. Ils m'ont demandé d'attendre une autre journée pour l'échange. À ce moment-là, j'ai commencé à manifester mon impatience, mais mon mari m'a dit : Celui qui perd le contrôle, perd. » Alors j'ai tenté de retrouver mon calme et ils ont accepté de m'accorder une fenêtre de livraison le samedi entre 9h et 12h pour l'échange. Plus tard, cette même journée, comme mon mari avait autre chose à faire, j'ai décidé d'aller au centre-ville pour relaxer et magasiner. Il devait venir me rejoindre plus tard pour prendre un verre. J'étais au magasin face à la caissière lorsque j'ai réalisé que j'avais oublié mon portefeuille à la maison. Je me suis alors souvenue que je l'avais sorti de mon sac à main pour réessayer cette nouvelle carte bancaire et que j'avais oublié de le remettre dans mon sac. Au point où j'en étais, c'était tellement absurde que je me suis mise à rire, là, au comptoir. Cette suite d'événements était ridicule, sans oublier que j'ai dû marcher jusqu'à la maison parce que je n'avais pas d'argent pour prendre un taxi. Pendant tous ces événements, je n'ai pas cessé de me dire deux choses. Un : c'est un test pour voir si tu es vraiment capable de garder ton calme lorsque quelque chose ne va pas comme tu le veux. Deux : dans une semaine, tu ne te souviendras même plus de ces deux journées, alors est-ce que ça vaut vraiment la peine de perdre patience?

Je suis très fière de dire que je n'ai pas perdu mon calme. Et parce que j'ai dû revenir à la maison pour prendre mon portefeuille, j'étais là quand mon mari est revenu. Nous sommes donc allés magasiner ensemble et relaxer à notre bar préféré. Tout s'est finalement terminé par quelques heures très agréables passées ensemble. Et mon ostéopathe m'a appelée pour me dire qu'elle pouvait me prendre cette même semaine, donc tout était réglé. Avant, les gens qui voient toujours le bon côté des choses me tombaient sur les nerfs. Aujourd'hui, je suis fière d'être des leurs. C'est étonnant comme on a du temps libre lorsqu'au lieu de se plaindre à propos de tout et de rien, on voit le bon côté des choses.

Dans ce chapitre, vous avez des astuces pour vous aider à avancer. Aussi, je vous suggère de revoir d'autres lectures à la fin de ce livre. Ce qui m'étonne est d'avoir réussi ma vie malgré toutes ces pensées négatives récurrentes. Ces pensées devenaient de plus en plus lourdes à porter. Je voulais vraiment m'en défaire et je ne voulais plus être partagée en deux, tout le temps. Je me veux toute entière dans une seule direction; je veux être unie et solide. Lorsque je regarde les photos de moi enfant, je vois que j'étais très belle. Si j'avais vécu dans un milieu stimulant, Dieu sait à quel point ma vie aurait pu être différente. Mais bon, en tant qu'adulte, j'ai le pouvoir de changer tout cela. C'est le pouvoir des pensées, le pouvoir des mots, donc le pouvoir de celle que je suis devenue. Je peux changer une chose à la fois. Il n'y a pas de magie. Vous pouvez toujours essayer l'hypnose si vous croyez en cette méthode, mais personnellement, je pense que le processus est vraiment plus important que le résultat. L'idée est de rétablir la communication avec soi-même et de guérir. Aucune solution rapide ne peut faire cela. Vous devez le faire vous-même, aucun guérisseur ou thérapeute ne peut le faire pour vous. Ils ne peuvent que vous guider. En fait, vous n'avez besoin que de vous-même. Vous avez le pouvoir de recommencer à vous aimer. Vous l'avez perdu il y a longtemps et c'est correct. Voici où vous en êtes maintenant; partez de là.

Ne cherchez pas l'amour en dehors de vous. Plus facile à dire qu'à faire quand vous avez passé votre vie à chercher l'approbation des autres comme je l'ai fait. Ne le cherchez pas chez votre mère, votre père, vos frères et sœurs, vos amis ou votre conjoint. Si vos pensées sont négatives et blessantes à votre égard, vous avez besoin de trouver l'amour en vous-même. Allez là où se trouve le problème. Ne tentez pas de le cacher. L'amour est là. Il a toujours été là sous ces couches de pensées et de mots blessants, les vôtres et ceux des autres. Maintenant vous savez pourquoi cette étape est importante. C'est une période cruciale. Vous faites face à un mur de briques et ce mur de briques vous empêche d'atteindre l'amour de vous-même qui est de l'autre côté du mur. Débarrassez-vous de ce damné mur. (À propos, au cas où vous ne l'auriez pas compris, ce mur c'est vous!) C'est le moment. Une pensée à la fois, une heure à la fois et un jour à la fois. Changez vos pensées pour des pensées positives et auto gratifiantes et les briques tomberont une à une.

Chapitre 3 En bref

- ➢ Dressez la liste de vos mauvaises pensées pendant trois jours, incluant une journée de congé.
- ➢ Remplacez ces pensées négatives par des pensées positives.
- ➢ Souriez et « faites semblant jusqu'à ce que vous y arriviez vraiment. »
- ➢ Réapprenez à vous aimer et soyez bienveillante envers vous-même.
- ➢ Gardez l'œil ouvert sur ces tests qui vous mettront au défi et qui vous aideront à grandir.

Chapitre 4 : Écrivez votre journal

Le fait de poser la plume sur le papier favorise la réflexion. En retour, cela nous fait méditer sur la vie et nous aide à retrouver l'équilibre.

NORBERT PLATT
PDG de Rollei Singapore et directeur général
de Rollei Fototechnic en Allemagne

Ce livre porte sur la redécouverte de notre moi, de notre véritable moi, afin d'ouvrir la communication avec notre moi infantile. Tenir un journal intime vous aidera à y parvenir. Dans ce monde de iPods et de téléphones intelligents, nous avons l'impression d'être en lien avec tout et tous sauf avec nous-mêmes; c'est pourquoi je vous suggère de tenir un journal, au jour le jour si possible. Certains suggèrent d'écrire dès votre réveil alors que d'autres suggèrent d'écrire le soir, avant d'aller au lit, de façon à vous remémorer votre journée. Je vous dis de faire ce qui vous semble vous convenir le mieux. J'ai moi-même essayé d'écrire le soir, mais sans grand succès. Pour moi, c'est le matin que j'y arrive le mieux. Comme je suis généralement à moitié endormie, je n'ai pas de blocage. J'écris tout ce qui me vient à l'esprit. En fait, c'est comme ça que l'idée d'écrire ce livre m'est venue. C'est le moment où j'ai mes plus grandes inspirations. Je vous suggère d'écrire à la main, pas à l'ordinateur. Vaut mieux ne pas utiliser de moyens électroniques pour faire cet exercice. Retournez aux sources. Offrez-vous une belle plume et un journal à votre goût. Si vous voulez plus d'information à ce sujet, je vous conseille de lire « The Artist's Way » de Julia Cameron. C'est un livre formidable.

Est-ce qu'il y a des règles à suivre pour écrire votre journal? Non, pas vraiment. Mais voici quelques idées qui vous aideront à vous lancer.

Chapitre 4 : Écrivez votre journal

1. Vous pouvez vous remémorer la journée précédente. Écrivez sur ce que vous croyez qui a bien ou mal été, pourquoi, et comment vous pourriez vous améliorer. Par exemple, un des exercices présentés aux chapitres précédents consiste à arrêter d'avoir des pensées négatives. Vous pourriez vous remémorer votre journée en ce sens. En avez-vous eu? À quel moment en particulier? Les avez-vous remplacées par de bonnes pensées? Si non, pourquoi? Comment pourriez-vous vous améliorer? Je sais que cela est un peu mécanique, mais ce sera utile si vous voulez modifier vos mauvaises habitudes ou vous en défaire.

2. Comment voulez-vous que votre journée se déroule demain? On sait maintenant que si vous visualisez la journée se déroulant d'une certaine manière, il y a de fortes chances qu'elle se déroule exactement comme vous l'avez vue et pressentie. Cela aide à concevoir le genre de journée que vous voulez vivre et comment y arriver. Vous visualisez la journée entière, avec les réunions, les personnes que vous rencontrerez, et vous décidez comment vous allez réagir aux événements. Serez-vous calme et heureuse ou stressée et anxieuse? Comme vous le savez, vous ne pouvez pas contrôler les événements extérieurs, mais vous pouvez contrôler votre façon de réagir à ces événements. Je trouve que les journées que j'ai planifiées à l'avance tendent à se dérouler comme je les avais prévues. Lorsque je suis découragée et que je ne fais pas cet exercice, la journée a tendance à se dérouler moins rondement. J'ai fait cela pour mon mariage. J'étais déterminée à avoir une journée où j'allais me faire plaisir, où j'allais être détendue et où il n'y aurait pas de pépin majeur. Ça a marché. Ce fut une journée parfaite.

Chapitre 4 : Écrivez votre journal

3. Écrivez à propos des émotions que vous ressentez par rapport à vous-même, à quelqu'un d'autre ou à une situation. La situation pourrait être, par exemple, votre travail. Êtes-vous heureux au travail? Avez-vous le sentiment de vous accomplir? Est-ce qu'il y a quoi que ce soit que vous pourriez faire pour l'améliorer? Vous pourriez aussi écrire à propos des sentiments que vous éprouvez par rapport à quelqu'un qui est présentement dans votre vie, ou que vous ne voyez plus. Parfois, on a besoin de se défaire de ces vieilles choses qu'on traîne encore et toujours. Je suis fatiguée d'avoir cette habitude de traîner des pensées négatives et des sentiments de persécution qui ont commencé dans mon passé, il y a plus de 30 ans. Je traînais encore des rancunes à l'égard de certaines personnes après toutes ces années. S'il est nécessaire que vous fassiez le ménage dans votre passé, écrire votre journal vous aidera à identifier les personnes ou les rancunes que vous devriez aborder. Vous pourriez aussi écrire une lettre à une personne en particulier dans laquelle vous mentionneriez comment vous vous sentiez à l'époque, comment vous vous sentez maintenant et comment son comportement vous a blessée. Vous pouvez poster cette lettre ou non, mais vous devez l'écrire avec une intention de pardon.

4. Parfois, vous aurez l'impression d'avoir un blocage ou de n'avoir rien à dire, rien ne vient. Si ça arrive, remémorez-vous votre journée ou planifiez la journée du lendemain. Ou encore, faites un exercice proposé dans ce livre ou dans un autre livre. Quelques exercices que j'ai faits demandent de dresser des listes; listez toutes vos réussites par âge : 0 à 15, 15 à 30, 30 à 45; ou encore, listez tout ce que vous voulez dans la vie, les choses matérielles, les talents que vous voulez développer, l'emploi que vous convoitez, les amis que

| 68

Chapitre 4 : Écrivez votre journal

vous voulez, le conjoint que vous voulez, les endroits où vous voulez vivre ou que vous aimeriez visiter. Parfois, dans mon journal, je joue à « et si ». Et si vous étiez au milieu de l'année et que vous prétendiez que c'est le 31 décembre : écrivez comment le reste de l'année s'est déroulé. C'est amusant et ça place tout sous un éclairage nouveau.

J'ai remarqué que parfois, les premières 15 à 20 minutes d'écriture sont mécaniques. Ensuite, j'ai la sensation d'atteindre un niveau plus profond de moi-même et des choses font surface. Ces choses peuvent avoir un lien avec ce que je suis en train d'écrire, mais pas toujours. C'est important de porter attention à vos pensées lorsque vous faites cet exercice. Notez-les au moment où elles émergent. Cela pourrait vouloir dire que vous devriez utiliser cet instant pour vous concentrer sur autre chose.

Beaucoup de moments révélateurs que j'ai eus dans ma vie sont arrivés pendant que j'écrivais mon journal. Je trouve que c'est un outil simple, mais qui en vaut la peine. Il ouvre des barrières de communication. C'est surprenant. Essayez-le de temps en temps pour voir comment vous vous sentez. Puis faites des sessions plus longues pendant vos journées de congé. Je pense que vous trouverez cela bénéfique. De temps à autre relisez-vous et constatez votre progrès. À la fin de l'année, prenez le temps de revoir votre année et fixez-vous des objectifs pour l'année qui vient. Pour ma part, je n'attends plus à la fin de l'année. Maintenant je revois chaque trimestre. C'est plus facile de se souvenir des trois derniers mois que des 12 derniers. Essayez-le. C'est du temps pour vous que vous avez bien mérité. Si vous trouvez qu'à tous les jours c'est trop fréquent, faites le 2-3 fois par semaine. Vous en verrez rapidement les bénéfices.

Chapitre 4 En bref

- ➢ Le matin ou le soir, prenez du temps pour vous et écrivez votre journal intime.
- ➢ Écrivez à la main. Offrez-vous une belle plume et un journal à votre goût.
- ➢ Pendant vos jours de congé, accordez-vous de plus longues sessions d'écriture.
- ➢ De temps à autre, révisez ce que vous avez écrit pour voir vos progrès.

Chapitre 5 : Imaginez votre avenir et agissez *comme-si*

Car le temps et le monde ne s'arrêtent pas, c'est le changement qui régit la vie. Et en ne regardant que le passé ou le présent, on ne peut que rater l'avenir.

JOHN F. KENNEDY
35e président des États-Unis d'Amérique

Au début de ce livre, j'ai écrit que nous étions déçues parce que nous avions imaginé que plein de bonnes choses nous arriveraient une fois que nous aurions perdu du poids. À moi, rien n'est arrivé. Vous savez pourquoi? Parce que je suis demeurée la même, la bonne vieille moi! J'ai compris que je ne pouvais pas espérer que les choses changent si, au fond de moi, j'étais toujours la même. Je devais donc encore travailler mes pensées. Pas facile! Il me fallait persévérer. Il n'y a pas d'autre façon d'y arriver.

D'accord, vous avez perdu du poids, mais à part cela, rien d'autre n'a vraiment changé ou si peu. Vous êtes un peu plus active. Vous passez probablement un peu moins de temps devant la télé. Vous prenez le temps de cuisiner vos repas. Vous avez un peu plus de plaisir à magasiner. Ces changements peuvent avoir un quelconque effet sur les choses ou les gens autour de vous. Ce sont des réactions de cause à effet. Vous devez mettre le doigt sur ce qui vous déçoit. Êtes-vous déçue de ce que vous ressentez par rapport à vous-même ou par rapport à la nourriture? De ne pas avoir signé ce contrat comme mannequin? De l'attitude des gens autour de vous? Notez tout cela. Afin d'identifier votre point d'arrivée, vous devez savoir d'où vous partez, vous vous souvenez? Il est tout aussi important que vous notiez vos

Chapitre 5 : Imaginez votre avenir et agissez *comme-si*

émotions par rapport aux objectifs que vous n'avez pas encore atteints, que de dresser une liste de ce à quoi vous vous attendiez. Il est important de gérer ses attentes. En principe, on rédige cette liste avant de commencer à perdre du poids. Comme ça, on peut évaluer nos résultats. Mais si vous n'avez pas fait de liste avant de vous lancer, c'est correct. Je n'en avais pas fait non plus. C'est l'émotion à l'état pur qui m'a fait perdre ce poids pour mon mariage.

Voici donc la liste de mes attentes suite à ma perte de poids :

1. J'espérais enfin me sentir sereine. J'espérais être sereine dans ma relation avec la nourriture, sereine par rapport à moi-même (c'est-à-dire heureuse et satisfaite de mon corps, de mon allure), et sereine en tant qu'être humain. Je ne voulais pas être éternellement anxieuse à propos de tout et de rien. (En parlant de gérer mes attentes, il est clair qu'il me reste du travail à faire sur ce point!)
2. J'espérais que ma relation avec les autres serait différente. J'espérais que tous et chacun seraient émerveillés par ce que j'avais accompli. J'espérais être traitée comme une déesse, avec le plus grand respect. J'espérais être capable de dire : « Comment osez-vous me parler ainsi! Maintenant je suis magnifique et j'ai réussi à perdre du poids grâce à ma volonté et à mon courage, chose que la majorité des gens échouent. Je vous suis donc supérieure! Oh la la!
3. J'espérais un mariage extraordinaire. J'espérais que ma robe m'irait à la perfection. J'espérais que mes invités seraient renversés par mon apparence. J'espérais avoir du plaisir et être détendue.
4. J'espérais avoir un contrat de mannequin. Plusieurs personnes m'ont dit que j'étais splendide, alors pourquoi pas?

Chapitre 5 : Imaginez votre avenir et agissez *comme-si*

5. J'espérais devenir riche. Je n'ai aucune espèce d'idée de comment cela devait arriver, mais j'avais associé être mince à être riche.
6. Somme toute, j'espérais être belle, ne plus travailler dans une entreprise de TI, être un mannequin célèbre et riche, et vivre quelque part où il fait beau et chaud.

Maintenant que j'écris tout cela je me dis:« Bon dieu de bon dieu, mais quel âge as-tu? 12 ans? Ce ne sont pas des attentes réalistes! Mais ne laissez pas cette voix décider de ce que vous inscrivez sur votre liste. Ne soyez pas logique. Ce que vous écrivez doit venir du plus profond de vous-même. C'est important parce que vous devez gérer vos attentes et si vous ne listez pas les moins réalistes, vous ne saurez pas que vous aurez à les confronter.

C'est bien de rêver, mais tant qu'à rêver, rêvons GRAND. Je suis généralement une personne logique et organisée; alors, ces attentes sont venues d'un côté de moi qui est plus jeune, plus créatif et imaginatif, donc mon moi infantile! Fidèle à moi-même, j'ai décidé de les examiner toutes pour trouver ce qui n'avait pas fonctionné.

J'ai donc revu chacune de mes attentes. Et, bien sûr, je vous suggère d'en faire autant.

1. J'espérais me sentir sereine. J'ai mis huit mois à perdre ce poids. Mais je suis anxieuse depuis plus de 30 ans. L'anxiété n'allait pas disparaître en huit mois. Je crois que j'associais mon anxiété au fait que j'étais grosse.

   J'ai beaucoup parlé de mon anxiété. Voici mon opinion : Tout ce que vous êtes et ressentez a de multiples couches (comme un oignon). Parce que vous avez écrit à ce sujet une fois, parce que vous l'avez analysé une fois, parce que vous en avez parlé une fois avec une amie, ne veut pas dire

Chapitre 5 : Imaginez votre avenir et agissez *comme-si*

que vous avez traité toutes les couches du problème. Faire le tour une deuxième fois et même plusieurs autres fois serait une bonne chose. Vous pourriez comprendre ou assimiler aujourd'hui quelque chose que vous n'aviez pas compris hier. Alors si un problème ou une mauvaise vision de vous-même revient encore et encore, poursuivez votre analyse car il n'est pas encore réglé.

Je savais que j'aurais à mettre un peu plus de temps pour essayer de comprendre pourquoi j'étais toujours anxieuse. J'étais anxieuse sur plusieurs plans. Mon anxiété face à la nourriture a commencé lorsque j'étais très jeune. Comme bien des parents, les miens utilisaient la nourriture autant pour nous récompenser que pour nous punir. Comme nous n'étions pas riches, nous étions limités sur ce plan et nous ne pouvions pas avoir de la nourriture n'importe quand. Comprenez-moi bien, je n'ai jamais passé une journée sans manger. Mes parents ont fait de grandes choses avec le peu qu'ils avaient. Mais si un jour j'avais plus faim que d'habitude, je ne pouvais pas prendre quelque chose à manger dans le frigo ou sur le comptoir. Je l'ai fait, quelques fois, en cachette. Nos *lunchs* pour l'école ne contenaient pas de gâteries comme ces petits jus et ces desserts qui font le bonheur des enfants; seulement des sandwiches ordinaires et une pomme. Évidemment, j'étais jalouse des autres enfants. Lorsqu'il faisait beau, j'aimais vraiment marcher jusqu'à la maison quand il y avait un hot dog et des frites pour dîner. Ça c'était une gâterie! J'ai grandi avec cette crainte de ne pas avoir assez à manger. Nous parents parlaient ouvertement de leur problème d'argent. Cela a eu pour effet de me faire croire qu'il se pourrait qu'on n'ait pas assez à manger. Résultat : j'ai commencé à me gaver. Lorsque je réussissais à mettre la main sur de la nourriture, je me gavais au cas où j'en manquerais plus tard. Enfant, lorsque j'étais punie, on m'envoyait dans ma chambre sans souper, ce qui est

Chapitre 5 : Imaginez votre avenir et agissez *comme-si*

terrible pour un enfant, sans oublier que cela ne favorise pas une bonne nuit de sommeil. Cette relation avec la nourriture s'est poursuivie lorsque je suis allée au collège et que je devais me débrouiller avec le peu d'argent que je gagnais comme serveuse. Comme j'ai ce type de relation avec la nourriture depuis très longtemps, elle n'allait pas disparaître juste parce que j'avais perdu 25 livres ou parce que j'avais plus d'argent. Cela a été pour moi, une grande révélation. J'ai aussi découvert que parce qu'on avait maintenant des gâteries à la maison (tablettes de chocolat, croustilles, oursons), à chaque fois que j'en prenais, je me sentais riche. C'était-là une deuxième croyance pas vraiment saine par rapport à la nourriture : « Le fait que j'étais capable de me payer des gâteries (malbouffe) voulait dire que j'étais riche. » Je n'avais jamais réalisé ces croyances avant de commencer à les mettre sur papier.

2. Mes relations avec les autres ont changé, mais pas comme je l'avais pensé. Premièrement, j'étais plus heureuse et je souriais davantage. Les gens réagissent différemment lorsque vous souriez que lorsque vous semblez fâchée ou d'humeur changeante. Toutefois, cette réaction n'avait rien à voir avec mon poids. La deuxième chose que j'ai remarquée était les regards. Après avoir perdu du poids, j'ai commencé à porter de beaux tailleurs et des jupes et je crois que ma démarche était confiante. Les gens ont réagi à cela. J'ai eu des oh! et des ah! des commentaires du genre : « Tu es splendide!» Mais cela n'a duré que quelques jours. Je ne pouvais pas espérer que cela dure éternellement. Il est clair que mes attentes étaient vraiment, mais vraiment immatures. Cela me ramenait à mon besoin d'être aimée et d'obtenir l'approbation des autres. N'oubliez pas que les gens ont leurs propres inquiétudes. Ils ne passent pas tellement de temps à penser à vous.

Chapitre 5 : Imaginez votre avenir et agissez *comme-si*

3. Le mariage. Cette attente s'est réalisée à 150%. Encore mieux que je pouvais l'imaginer, et les photos le prouvent. J'ai l'air heureuse et détendue, riant et souriant pendant les heures de préparation, aussi bien que pendant la cérémonie et la réception. La robe m'allait comme un charme et j'étais superbe. Les gens me disaient combien j'étais magnifique. Tout le monde a aimé le mariage. Mon mari et moi sommes tellement amoureux que cela transparaissait. Ce fut un mariage d'amour et nous nous étions assurés d'être entourés de gens que nous aimons vraiment.

4. J'avais espéré qu'on me remarque alors que je marchais dans la rue, qu'on me découvrirait et qu'on me donnerait un contrat de mannequin. Pas de chance! La question que j'aurais dû me poser était pourquoi je voulais cela ou pourquoi j'en ressentais le besoin? Cette question peut aider à réaliser certains rêves, mais n'oubliez pas que parfois, on n'obtient pas ce qu'on veut tout simplement parce que ce n'est pas notre voie. Je voulais être mannequin parce que je voulais gagner plus d'argent et cela me semblait une manière facile d'y parvenir. J'ai aussi pensé que de monter un portfolio avec un photographe professionnel et de le montrer aux gens autour de moi me confirmerait que je suis séduisante. Oui, il est encore question ici de mon besoin d'obtenir l'approbation des autres, de validation externe. Oui, je travaille toujours sur ma propre estime et je cherche de moins en moins à obtenir l'approbation des autres. Moi qui m'étais toujours sentie comme le vilain petit canard, je devenais le cygne et je voulais que tout le monde le sache. Mais maintenant que j'ai grandi et que j'ai appris certaines choses, j'ai décidé qu'être mannequin n'est pas ce que je veux. J'ai quand même monté le portfolio dont j'ai fait faire une impression de type magazine. Il est magnifique, mais j'ai décidé de le faire pour moi. Seulement mon mari et ma meilleure amie

Chapitre 5 : Imaginez votre avenir et agissez *comme-si*

l'ont vu. Ça fait partie de ma vie privée. Je crois maintenant que je suis belle et je n'ai plus besoin d'être un mannequin parce que, sur ce point, je n'ai plus rien à prouver à personne.

5. Être mince ne veut pas dire être riche. Être mince naturellement et d'une manière saine veut simplement dire que j'ai résolu de vieux problèmes qui m'empêchaient d'avancer. Maintenant que j'ai résolu ces problèmes, j'ai l'audace de faire des choses que je n'aurais jamais faites avant, comme écrire ce livre. En plus, cela pourra peut-être m'aider financièrement. Quand j'étais plus jeune, je voulais être riche à tout prix. Maintenant, être heureuse et comblée est ce qui compte le plus pour moi. Bien sûr, ce serait bien d'avoir plus d'argent pour jouir de la vie avec mon mari, parce que je crois sincèrement que nous méritons ces sièges en première classe et ces hôtels cinq étoiles. Mais mon choix de carrière se définit maintenant par être heureuse et comblée.

6. Quitter l'entreprise pour laquelle je travaillais. J'espérais que cela arrive tout de suite. Cela prend du temps, même si parfois je souhaiterais que ça aille plus vite. Je ne suis pas tellement patiente. Pour m'aider, je lis cette fable : « Un homme vit un cocon et décida d'aider la chenille à devenir un papillon; alors, il retira une à une les couches du cocon pour libérer le papillon. Une fois qu'il eût retiré l'enveloppe protectrice, le papillon apparût, tenta de voler, mais tomba et mourut. » Le papillon n'avait pas eu le temps qu'il lui fallait pour passer de l'état de cocon à celui du beau papillon qu'il aurait dû devenir. C'est pourquoi ce temps de passage est si important et c'est aussi pourquoi vous devez avoir totalement confiance que les choses qui doivent arriver, arriveront le moment venu. Ne laissez personne vous pousser dans une démarche alors que vous ne vous sentez pas prête. Faites confiance à votre courage

Chapitre 5 : Imaginez votre avenir et agissez *comme-si*

et à votre intuition. Et soyez patiente. À cet égard, je suis ma pire ennemie. Quand j'ai compris ou réglé quelque chose qui me bloquait, je veux que les choses changent là, maintenant, tout de suite. Je dois être mince et je dois avoir ma propre entreprise maintenant. Calmons-nous et prenons le temps qu'il faut. J'ai travaillé fort pendant des années avant de me sentir prête à accueillir ce changement. C'est aussi simple que cela.

AGISSEZ *COMME SI*

Tout se résume à : Êtes-vous impliquée à 100%? Qu'est-ce qui vous empêche de vous comporter *comme si* vous aviez déjà atteint un niveau supérieur de bien-être et d'estime de soi? Agir *comme si* veut tout dire. J'en ai déjà glissé un mot dans un chapitre précédent, mais cette fois, allons-y plus en détail. Par exemple, vous voulez qu'on vous traite avec respect. Commencez par traiter les autres avec respect. Puis, agissez dès maintenant *comme si* vous n'étiez pas le type de personne qui tolère qu'on vous manque de respect. Si vous voulez une belle relation avec la nourriture, agissez *comme si* vous aviez déjà atteint cet objectif. Vous savez ce que vous devez faire pour y arriver. Alors, faites semblant jusqu'à ce que ce vous y parveniez vraiment. Vous voulez projeter l'image d'une femme en santé? Agissez *comme si* vous étiez fière de vous-même et de votre corps. Soignez votre habillement, ne quittez jamais la maison avec l'impression que vous êtes moche. Sereine? Oui. Moche? Non. À l'avenir, prenez soin de vous : faites-vous des masques, faite-vous couler un bon bain et, les fins de semaines, faites la grasse matinée. Si vous avez des enfants, passez une entente avec votre conjoint : une fin de semaine il dort et l'autre, vous dormez. Commencez dès maintenant à vous sentir bien de dire "non" aux multiples demandes quand n'avez pas envie de dire "oui". N'attendez pas d'être malheureuse avant d'agir. Agissez maintenant *comme si*. Commencez par de petits pas puis augmentez le

Chapitre 5 : Imaginez votre avenir et agissez *comme-si*

défi. Vous avez tout ce qu'il faut pour y arriver. Agissez *comme si* vous étiez déjà la personne que vous voulez être. Dès que vous dites « bientôt », « un jour », « l'année prochaine » ou « le 1ᵉ janvier », vous dites « plus tard ». C'est tout le contraire de maintenant! Ne voulez-vous pas vous sentir comme ça maintenant? Alors faites-le. Et consultez un spécialiste pour les problèmes plus graves. Travaillez à changer vos comportements et vos croyances, surveillez vos pensées et affirmez vos croyances. Toutes les techniques que nous avons vues jusqu'à maintenant fonctionnent vraiment!

Toutefois, elles fonctionnent seulement si vous les utilisez de manière constante. N'oubliez pas que vous vous êtes autodétruite pendant des années. Vous défaire de ces anciens comportements ne sera pas si facile. Vous savez ce qui m'a donné du fil à retordre? Confirmer mes croyances. J'ai eu comme un blocage. J'y ai mis du temps, mais ça m'est venu, en écrivant mon journal. N'attendez pas au 31 décembre pour constater ce qui a fonctionné ou pas pendant l'année. Ajustez-vous le plus rapidement possible. Il est aussi possible que vous ayez à changer un objectif simplement parce que vous réalisez qu'il ne vous convient plus. Et c'est correct.

PLANIFIEZ ET RÉALISEZ VOTRE AVENIR

L'avenir viendra peu importe ce que vous faites. À vous de choisir quel sera le vôtre. Où et ce que voulez-vous être dans un, deux, cinq, dix, vingt ans? Un superbe exercice est de visualiser régulièrement votre avenir, de quoi est-il fait? Votre avenir peut prendre plusieurs formes. Tony Robbins[12] a un excellent exercice où vous visualisez quel sera votre avenir si vous ne vous en préoccupez pas. Vous visualisez la douleur de vous sentir continuellement rejetée et mal aimée parce que vous n'avez pas trouvé l'amour à l'intérieur de vous et que

---

[12] Tony Robbins: Personal Power

Chapitre 5 : Imaginez votre avenir et agissez *comme-si*

vous le cherchez encore autour de vous. Vous visualisez la peine que vous ressentirez à passer les 20 prochaines années à faire des diètes à répétition, à voir votre corps vieillir prématurément, à paraître vieille alors que vous êtes encore jeune. Vous êtes triste de perdre ceux que vous aimez parce que vous êtes pitoyable. Vous ressentez de la tristesse parce que vous n'avez pas eu la carrière gratifiante que vous avez toujours convoitée. Vous êtes coincée dans un emploi sans ouverture. Et vous vieillissez triste, grasse et seule. Cet exercice dérange lorsqu'il est fait avec toute la peine et la tristesse de cet avenir qui pourrait être le vôtre. Heureusement, votre avenir peut être différent. Vous pouvez choisir maintenant quel sera votre avenir dans un mois, un an, cinq ans. Ensuite, refaites cet exercice *comme si* vous aviez maîtrisé votre relation avec la nourriture. Quel impact cela a-t-il sur votre vie? Est-ce que d'être plus heureuse, en meilleure santé et plus énergique influence votre relation avec votre conjoint ou vos enfants? Avez-vous eu l'audace de vous lancer dans une nouvelle carrière? Après avoir vécu cinq, dix ou vingt ans en ayant un mode de vie sain, où en êtes-vous dans votre vie? Où vivez-vous? Quel genre de vacances vous offrez-vous? Ceci est un bon exercice en plus d'être plaisant à faire. Faites-le régulièrement.

Tout ce que vous faites aujourd'hui a un effet sur ce que vous deviendrez. J'avais l'habitude d'excuser mes comportements en disant : « Ce n'est pas grave si je me gave aujourd'hui, je vais m'y remettre demain. » Mais c'est important. C'est très important parce que ce n'est pas la prise de poids le problème, mais ce besoin d'apprendre à vous aimer vous-même, à vous contrôler et à projeter une image de vous-même dans un corps sain. Si vous vous gavez maintenant, vous affirmez seulement que vous n'éprouvez pas cet amour pour vous-même, pas plus que vous n'avez cette image de vous-même dans un corps sain. Ce n'est pas en accord avec vos attentes, vos rêves et vos objectifs. Vous mentez à la

Chapitre 5 : Imaginez votre avenir et agissez *comme-si*

personne la plus importante : VOUS. Pour changer vous devez agir, penser et vivre différemment. C'est la seule façon d'y arriver. Et, vous savez quoi? Ça fonctionne. Vous avez vécu et respiré en pensant du mal de vous-même et de votre corps pendant des années. Il n'est pas facile de briser ces vieux comportements, mais c'est possible; lorsque votre ancienne façon de vivre vous fera plus de mal que de bien, vous saurez que vous êtes prête à changer. Alors gardez à l'esprit que ce choix vous appartient. Vous n'êtes plus une enfant. Vous êtes prête à vous engager à 100%? Vous êtes prête à choisir votre avenir? Allez-y, maintenant!

Mais, comment faire? La première chose que vous devez-vous demander est : « Qu'est-ce que je veux? Est-ce que j'ai des objectifs personnels? Professionnels? Est-ce que je veux tout simplement une bonne santé? » Dressez une liste. Soyez précise dans ce que vous voulez et indiquez la date à laquelle chaque objectif devra être atteint : « Je veux habiller la taille *X* le 1e novembre ou je veux trouver mon âme sœur cette année, et je veux me marier avec lui l'an prochain. » Au début, listez tout ce qui vous vient à l'esprit, comme une liste de cadeaux de Noël. Ensuite, nettoyez-la. Voici quelques exemples :

HAUT NIVEAU

Domaines de votre vie	Point	Date
Personnel	Habiller 2 tailles plus petites	1 novembre 2012
Personnel	Indice de masse corporelle de 22	15 décembre 2012
Personnel	Être sereine dans ma relation avec la nourriture	Maintenant
Personnel	Trouver l'âme sœur ➢ Charmant ➢ Sens de l'humour ➢ Galant	Premier trimestre de 2012

Chapitre 5 : Imaginez votre avenir et agissez *comme-si*

Domaines de votre vie	Point	Date
	➢ Intelligent	
Biens matériels	Condo à San Diego	Deuxième trimestre de 2013
Biens matériels	Voler en première classe seulement	Janvier 2013
Biens matériels	Faire une croisière en Europe dans une suite du Queen Mary	Automne 2012
Carrière	Devenir écrivain	Été 2012
Carrière	Faire une séance photos professionnelle pour un grand magazine	Été 2012
Communautaire	Faire du bénévolat : ➢ Servir la soupe populaire aux sans-abri ➢ Donner 1% de mon salaire à des œuvres de charité	Maintenant
Finances	1 million 5 millions 10 millions	50 ans 55 ans 60 ans

Facile, n'est-ce pas? Inscrivez tout, jusqu'au type de relation que vous voulez avec vos amis, votre famille et vos collègues.

L'étape suivante consiste à subdiviser vos objectifs. Au début de l'année, j'ai généralement au moins un objectif par domaine de vie. Choisissez vos objectifs prioritaires pour les 12 prochains mois puis subdivisez-les. Divisez l'année par trimestres (4 périodes de 3 mois) puis répartissez-y vos objectifs prioritaires.

Chapitre 5 : Imaginez votre avenir et agissez *comme-si*

PLAN DÉTAILLÉ

Objectif	Plan	Date
Habiller une taille plus petite le 1e novembre 2012	1. Examen complet annuel chez le médecin. 2. Rencontre avec un nutritionniste. 3. M'abonner à un gym. 4. Travailler avec un entraîneur professionnel pour préparer un entraînement qui me permettra d'atteindre mes objectifs. 5. Rencontre avec le nutritionniste pour réévaluation.	Mi-juillet 2012 3e semaine de juillet 3e semaine de juillet Fin juillet Fin août
Être sereine dans ma relation avec la nourriture : Maintenant	1. Agir *comme si* maintenant. 2. Identifier mes croyances et les nettoyer une à une. 3. Identifier mes comportements et les nettoyer un à un. 4. Surveiller et nettoyer mes pensées. 5. Visualiser l'avenir que je veux. 6. Au besoin, consulter un psychologue.	Maintenant et de façon continue
Devenir écrivain : Été 2012	1. Trouver le type de livre que j'ai le goût d'écrire (fantastique, mystère, croissance personnelle, santé). 2. Prévoir une à trois heures par semaine pour	Mois 1 Mois 2 Mois 3

Chapitre 5 : Imaginez votre avenir et agissez *comme-si*

Objectif	Plan	Date
	bâtir un plan et écrire.	
	3. Trouver des gens qui ont publié et leur demander comment ils y sont parvenus.	Mois 4
	4. Faire des recherches pour trouver un éditeur.	Mois 5
	5. Est-ce que je peux débuter en écrivant des articles pour un magazine?	

Et ainsi de suite… Tout au long de l'année, réajustez vos objectifs. Peut-être qu'un objectif prendra le dessus sur un autre. Peut-être que les actions que vous mettrez en œuvre ne vous aideront pas à atteindre vos objectifs. Soyez flexible, soyez persévérante, et demeurez concentrée. Ne vous en veuillez surtout pas si vous devez faire des petits changements.

Et agissez *comme si* vous y étiez!

Chapitre 5 En bref

> ➢ Écrivez ce à quoi vous vous attendez, une fois que vous aurez atteint votre objectif de perte de poids.
> ➢ Révisez et gérez votre liste.
> ➢ Agissez *comme si* maintenant.
> ➢ Dressez la liste de vos objectifs et inscrivez la date à laquelle ils devront être atteints.
> ➢ Subdivisez vos objectifs puis planifiez leur atteinte.

Chapitre 6: C'est le temps de faire du ménage

Le bien-être n'a rien à voir avec la privation ou la perfection. Cela implique de vous diriger vers le chemin qui vous permettra de grandir et d'apprendre à accepter votre plein potentiel, puis à faire de petits pas pour soutenir ce changement. Il s'agit de vous présenter à vous-même, jour après jour, pour finalement réaliser que vous avez subi une transformation.

KATHY FRESTON
Meilleure auteure au New York Times
Elle met l'accent sur une vie et une alimentation saines

À chaque fois que nous grandissons ou changeons, cela change quelque chose autour de nous. La transformation physique que vous avez vécue n'était pas un petit changement. C'était énorme et cela a fait des vagues autour de vous. Vous avez remarqué certains changements, d'autres non. Un des aspects qui a très certainement changé, c'est votre relation aux autres. Par exemple, vous ne faites plus le 5 à 7 au restaurant mexicain. Vous vous levez tôt pour faire votre exercice et vous apportez votre lunch ou bien vous allez dans des restaurants qui servent de la nourriture saine. Que vous le vouliez ou non, cela affecte vos relations avec les personnes autour de vous.

Commençons donc avec les gens avec qui vous vivez. Les gens avec qui vous choisissez de vivre vous aiment, veulent que vous soyez en bonne santé et que vous soyez bien en général. Il devrait aller de soi qu'ils vous soutiennent à 100%, non? Faux! Vous avez troublé l'ordre naturel des choses établies dans le ménage. Juste parce que vous choisissez de manger sainement ne veut pas dire que tout le monde doit le faire! Voici quelques scénarios à prendre en considération.

Chapitre 6: C'est le temps de faire du ménage

Scénario 1:

S'il n'y a que vous et votre conjoint qui êtes en cause, la première étape consiste à lui parler dans un cadre reposant et agréable. (Je vais utiliser « lui » dans ce scénario afin de simplifier le texte). Il est important de ne pas avoir cette discussion quand on sait qu'il a eu une mauvaise journée et qu'il est stressé. Assurez-vous de savoir à l'avance quel est votre but. Voulez-vous perdre 20 livres rapidement pour un événement spécifique? (Ce n'est évidemment pas idéal !). Ou bien, voulez-vous améliorer votre santé en général? (Ceci est le choix sain.). Votre décision l'affectera de manières variées. Il voudra savoir quel impact cela aura sur sa vie; il est donc important de l'impliquer dans le processus de décision. Si, sans lui en parler, vous décidez que vous ne ferez plus le dîner du vendredi soir au restaurant côtes levées - frites ou le film accompagné du pop-corn jumbo, il en sera affecté.

Discutez de votre objectif et pourquoi vous le faites et demandez-lui son opinion. S'il dit: «Tu n'es pas grosse », eh bien, tant mieux pour lui. Il a appris quelques petites choses au fil des ans! Si votre objectif est d'améliorer votre état de santé en général, vous avez déjà une idée de ce que vous voulez faire. Peut-être que vous voudrez rencontrer une nutritionniste pour partir du bon pied. Peut-être que vous l'avez déjà fait. Donnez-lui le temps de se mettre au diapason avec vous. Il vous dira qu'il n'est pas intéressé à changer ses habitudes ou qu'il est prêt à changer une ou deux choses, ou encore, peut-être qu'il embarquera dans le processus avec vous.

Dans tous les cas, vous avez besoin de trouver un terrain d'entente et un plan qui fonctionne pour vous deux. J'ai eu de la chance, mon mari m'a soutenue jusqu'au bout. Il a changé un certain nombre de choses, comme par exemple de ne plus

Chapitre 6: C'est le temps de faire du ménage

apporter de dessert à la maison et de ne pas préparer de dîners de pâtes trop fréquemment. Il est le cuisinier dans la maison et je suis chanceuse qu'il aime préparer des repas complets incluant des protéines, des légumes et du riz ou des nouilles de riz. Je me suis jointe à un gymnase qui n'était pas celui le plus près de chez-moi, mais qui offrait un forfait avec un entraineur privé, une nutritionniste, un spa et un spa médical. Mon mari a été très compréhensif. Il a compris que j'allais être plus souvent absente et que je ne serais pas capable de le rejoindre aussi souvent à notre bar favori. Vous devez garder à l'esprit que vous ne devez pas essayer de le changer. Il s'agit d'une décision importante et pour que cela fonctionne, elle ne peut venir que de l'intérieur. Il va sans doute apprécier votre succès et s'intéresser à ce que vous faites.

Vous le savez, les diètes rapides et sévères ne fonctionnent pas à long terme. Vous pouvez perdre les 20 livres pour la réunion scolaire ou le mariage, mais cela ne durera pas parce que vous ne le faites pas pour vous-même. Vous le faites pour une gratification externe et cela ne fonctionne jamais.

Et, si votre conjoint n'est pas favorable à vos changements d'habitudes? Que faire s'il continue de commander le poulet frit avec frites et le gâteau au chocolat double que vous aimez tant? Laissez-le faire. Cependant, il vient de vous apprendre quelque chose sur lui-même que vous ne vouliez peut-être pas voir, surtout s'il tente de saboter vos efforts. Vous devez comprendre que si vous changez (Eh oui, vous changez!), cela va modifier la dynamique de votre couple. Il va accepter la modification ou non. C'est un risque que vous devez prendre pour vous-même. La bonne nouvelle est que, à ce stade, vous avez perdu du poids et vous savez maintenant où se situe votre conjoint. Donc, en résumé de ce scénario, il faut vous en tenir à vos objectifs, mais respecter le choix de votre conjoint.

Chapitre 6: C'est le temps de faire du ménage

Scénario 2:

Vous êtes une jeune femme vivant avec votre famille. Je viens d'une grande famille, donc je comprends la dynamique. Je pense que la meilleure chose à faire est d'avoir une petite réunion de famille pour discuter des options disponibles. Si la perspective de cette rencontre vous remplit de panique, alors rencontrez-les une personne à la fois. Ou au pire, rencontrez au moins celui ou celle qui s'occupe de faire la cuisine. Vont-ils vous soutenir et vous aider? Sont-ils intéressés à vous accompagner dans votre démarche? Vous saurez rapidement de quel côté chaque individu va se diriger. Il est important de vous concentrer sur ceux qui ont une attitude positive à l'égard de vos objectifs. Si vous pensez qu'ils portent beaucoup d'intérêt à vos objectifs, préparez un plan avec eux. Si vous vivez dans une famille où la santé et la nourriture saine ne sont pas au premier plan, il sera peut-être nécessaire de les instruire. Si le budget est serré, il y a des façons de manger mieux sans occasionner trop de coûts supplémentaires. Vous pouvez aller faire l'épicerie avec vos parents et trouver des façons de manger mieux sans dépenser beaucoup plus. Vous pouvez même offrir de payer pour des trucs supplémentaires vous-même et avoir une section spéciale pour vous dans le frigo et le garde-manger. Il vous en coûtera un peu plus chez McDonald de commander une salade au lieu de profiter de l'offre à 1 $, mais cela en vaut la peine. Si les membres de votre famille ne sont pas favorables aux changements et ne veulent pas vous supporter, trouvez des moyens de le faire de toute façon sans trop avoir d'impact sur leurs vies. Vous ne pouvez pas choisir votre famille, mais vous pouvez apprendre à traiter avec des personnalités différentes là, dans votre propre maison. C'est un excellent exercice car vous aurez à traiter avec des personnalités différentes partout, c'est juste un peu plus intense à la maison.

Chapitre 6: C'est le temps de faire du ménage

Maintenant, penchons-nous sur les réactions en dehors de la maison, que ce soit au travail, à l'école ou dans la vie sociale.

J'ai dû faire un peu le ménage dans les personnes que je côtoyais. Dès que vous commencerez à vous voir sous un meilleur jour, vous vous rendrez compte que certaines personnes ne cadrent plus dans votre contexte. Ils ne voient ni leur vie ni leur propre personne sous un bon angle alors que vous oui, vous commencez à le faire. Ils vont tout faire pour saboter votre nouveau vous, car ils ne sont pas prêts à changer eux-mêmes. En ce qui me concerne, c'est généralement durant ces moments que je fais le ménage. Ces personnes utiliseront toutes sortes de trucs.

1. La culpabilité : « Tu es différente, tu n'as plus de temps pour moi. »
2. Le sabotage: « Tu as perdu assez de poids. Comme moi, mange des frites et du chocolat! » Je déteste cela! Ne savent-ils pas qu'un sac de frites peut briser le cycle de la santé que j'entreprends? Et ce ne sont jamais les amis en santé qui vous offrent de tels conseils. Eh bien, ils peuvent les garder!
3. Le regard sympathique: «Tu as travaillé si dur. Pauvre toi, mange un peu de biscuits et de croustilles. » Une femme à mon travail me disait que j'avais l'air fatiguée depuis ma perte de poids. Le pire c'est que je ne l'étais pas. J'avais perdu 25 livres, j'avais fait plusieurs soins au visage, ma peau était serrée et brillante et je recevais toutes sortes de compliments de la part d'autres personnes. Je pense qu'elle était jalouse et elle a essayé de poser un regard négatif sur mon succès. Ces personnes sont dangereuses. Sous le couvert de l'amour et de l'amitié, elles disent des choses qui semblent être pour votre bien, mais ce ne l'est pas vraiment.

Chapitre 6: C'est le temps de faire du ménage

4. «Vous êtes tellement chanceuse! » Je déteste quand les gens me disent ça. La quantité de travail que j'ai mis pour atteindre ce succès n'a rien à voir avec la chance. Jamais plus je ne dis à quelqu'un: «Vous êtes chanceux ». Ça n'a vraiment rien à voir !

Maintenant, regardons les personnes qui vous aideront dans votre quête. Ma meilleure amie et dame d'honneur à mon mariage est une fanatique de la santé. Elle est très consciente de son entraînement et de ce qu'elle mange. Je pense que je ne pourrai jamais aller aussi loin qu'elle. Elle fait une cure de désintoxication qui est beaucoup plus difficile que celle que je fais et elle est végétarienne. Elle est en bonne santé et a une belle apparence. Les gens se retournent sur son passage quand elle marche dans la rue (et maintenant moi aussi, yé!). Elle ne m'aurait jamais dit: « Mange des pâtes et du dessert, tu le mérites ». Elle est consciente de la quantité de travail acharné que cela prend pour réussir de grands objectifs. Elle est constante et fait des choix sains tous les jours. Tout le monde a besoin de s'entourer d'amis comme ça.

Au travail ou à l'école, l'atmosphère peut être difficile et malsaine (surtout à l'école) parce que vous voulez faire partie d'un groupe et si vous changer la dynamique du groupe cela peut avoir des effets indésirables (quoiqu'avec le recul, les effets se sont avérés positifs). Encore une fois, c'est un choix. Si vous faites partie d'un groupe dont les valeurs ou les objectifs sont différents des vôtres, changez de groupe. Plus facile à dire qu'à faire, je le sais. Mais cela n'a pas à se produire du jour au lendemain. Faites de petits pas. Habituez-vous à votre nouveau vous. Commencez à trouver des choses que vous aimez faire et trouvez des gens qui aiment les mêmes choses. Au lieu de vous concentrer sur les aspects négatifs (laisser un ancien groupe d'amis), concentrez-vous sur les aspects positifs (trouver un nouveau groupe d'amis). Si vous voulez être plus active, trouvez un sport d'équipe. Les

Chapitre 6: C'est le temps de faire du ménage

choses iront naturellement. Je me suis jointe à l'équipe de volley-ball à l'école secondaire et au collège et nous avons même participé aux jeux provinciaux. Cela m'a sauvé la vie parce que j'avais commencé à avoir de mauvaises fréquentations et c'était nécessaire de me faire de nouveaux amis. Votre ancienne gang peut se sentir triste, en colère, jalouse et rancunière, mais la vie continue. Ils se feront de nouveaux amis et vous aussi. Il se peut même qu'une vieille amie vous demande des conseils parce qu'elle veut faire ce que vous avez fait et elle est étonnée de vos résultats. Gardez toujours la porte ouverte pour aider les autres qui voient ce que vous avez fait et ont besoin de conseils. Assurez-vous que les gens ne profitent pas de vous mais aidez-les. N'auriez-vous pas aimé que quelqu'un soit là pour vous aider? Et si quelqu'un vous a aidée, n'étais-ce pas fantastique? C'est un sentiment incroyable quand vous aidez quelqu'un à donner le meilleur de lui-même.

Je réalise que je parle de quitter des relations néfastes comme si c'était chose facile, mais je sais que ce n'est pas le cas. Il m'a fallu des mois pour agir dans le cas de la dernière relation qui ne me convenait plus. Vous devez vraiment suivre votre cœur et agir quand vous êtes prête. Dans le cas précité, je savais que j'avais dépassé cette relation, mais un long laps de temps s'est écoulé entre le moment où je l'ai réalisé et le moment où je suis passée à l'acte. J'avais besoin de temps pour assimiler les nouvelles informations. Cela peut être un choc. Vous pouvez vous dire: «Wow! D'où cela vient-il?» Ensuite, vous commencez à y penser. Vous commencez à voir les comportements (les vôtres et ceux de l'autre personne) que vous n'aviez pas vus auparavant. Vous commencez à peser le pour et le contre entre rester ou de partir. Finalement, les choses iront d'une manière ou d'une autre. Vous resterez si laisser l'autre personne vous effraie. Vous quitterez si vous sentez que vous avez grandi, que la relation ne fonctionne tout simplement pas et qu'elle ne vous convient plus. Ça peut

Chapitre 6: C'est le temps de faire du ménage

être effrayant, mais ne devriez-vous pas avoir plus peur de ce qui arriverait si vous restiez?

J'ai deux choses à ajouter à ce stade-ci. Premièrement, il est important de respecter le temps nécessaire pour que vous soyez prête. Vous le saurez quand vous aurez atteint le point de non-retour. Vous le saurez également si vous n'êtes pas prête et si vous remettez toujours la décision au lendemain. Ne restez pas trop longtemps dans l'indécision. Ce mode vous affaiblit et le manque de décision tue l'élan et l'énergie. Vous êtes devant une porte, ouvrez-là et allez-y, faites le saut! Deuxièmement, rien de grave ne m'est jamais arrivé quand j'ai laissé une mauvaise relation. Au contraire, des choses étonnantes se sont passées. Laisser quelqu'un ou quelque chose qui ne correspond plus à votre nouvelle personne libère de l'espace pour de nouvelles possibilités. J'avais finalement de la place pour de meilleurs emplois, de meilleures amies et un conjoint incroyable. Et, je me suis sentie plus libre de vivre ma vie et prendre des risques là où avant j'aurais gaspillé temps et énergie à analyser les choses jusqu'à ce que mort s'en suive, sans bouger d'un pouce.

Parfois, vous voulez rester là où vous êtes car vous y êtes à l'aise. Toutefois, si vous êtes sur la route de la découverte de soi et de l'auto amélioration, être à l'aise n'est pas ce que vous recherchez. Regardez les gens que vous fréquentez ou qui vivent avec vous et imaginez-vous dans cinq ou dix ans. Cela devrait vous aider à décider si un changement est nécessaire ou non. Vous pourriez réaliser que vous avez donné le contrôle de votre vie à une autre personne, peut-être inconsciemment. Vous pouvez même penser que vous êtes la personne qui prend vos décisions, mais quand vous analysez le tout, vous vous rendez compte que vous avez été manipulée pendant des années. Parce que ce sont des décisions énormes qui auront un grand impact sur votre vie, il est utile de noter les détails dans votre journal. C'est un outil qui vous aide à organiser vos pensées et vos sentiments et à prendre la bonne décision. Et, même si je vous ai dit de ne pas trop tarder à bouger, vous ne voulez pas non plus vous précipiter. Écrire dans votre journal vous aidera à avoir plus d'emprise sur ce qui se passe. Une dernière pensée sur ce point: Ne laissez pas les autres vous forcer à faire quelque chose que vous n'êtes pas prête à faire. Parfois, la pression des amies et collègues est forte et il est difficile d'y résister. Par contre, c'est très important de suivre votre propre rythme.

FAIRE LE MÉNAGE DANS SES VIEILLES AFFAIRES

Maintenant que nous avons couvert vos relations, nous allons parler de vos effets personnels. Faire le ménage de ses vêtements et jeter les vieilles affaires apporte généralement un sentiment de soulagement, de libération et de bien-être. À un certain moment, j'avais jusqu'à huit différentes tailles de vêtements dans mon placard. Quand j'ai dit à ma psychanalyste que je voulais me débarrasser de ce qui était superflu, elle m'a demandé si j'étais certaine de vouloir le faire car c'était fort possible que je reprenne le poids que j'avais perdu! Entendre quelqu'un qui comprend la psyché si bien me dire une telle chose a produit un effet dévastateur chez moi. Certes, au fil des ans, elle avait vu mon poids fluctuer encore et encore, mais j'ai été blessée qu'elle ne puisse pas croire autant que moi à ma réussite cette fois-ci. Eh bien, j'ai décidé de considérer cette remarque comme un test qui me servirait à savoir jusqu'à quel point j'étais résolue à réussir. On ne sait jamais d'où les commentaires négatifs viendront. Ils pourraient même venir de quelqu'un qui a votre bien-être à cœur.

Revenons au ménage de notre placard. Je ne parle pas seulement de se débarrasser des vêtements de grande taille (un sentiment incroyable, d'ailleurs). Je veux dire réévaluer la

Chapitre 6: C'est le temps de faire du ménage

façon dont vous vous percevez aujourd'hui et demain (agir *comme-si*). Par exemple, si vous voulez devenir un dirigeant, achetez un costume qui ressemble à celui d'un exécutif. Une partie d'agir *comme-si*, cependant, est d'être à l'aise avec qui vous êtes. Toute ma vie, j'ai vu des femmes qui portaient des décolletés au travail. De temps en temps, j'essayais d'en porter et je me sentais gênée. Alors, j'ai pris une décision. Je me suis débarrassée de tous mes vêtements qui me rendaient mal à l'aise. J'en ai gardé quelques-uns pour mes rendez-vous galants avec mon mari. Pourquoi m'entêter à porter quelque chose qui me rend mal à l'aise juste parce que c'est à la mode? L'astuce consiste à décider qui vous voulez être et à vous habiller en conséquence. Au bureau, je veux me sentir confiante, maître de moi-même et respectée. Pour me sentir de cette façon, je porte un tailleur et un chemisier. Quand je sors avec mon mari, je veux me sentir féminine et sexy. Un collègue m'a vu un vendredi à la fin de la journée, alors que je me rendais à un rendez-vous avec mon mari. Il m'a demandé pourquoi je ne m'habillais pas toujours comme cela au bureau. Je lui ai répondu que j'étais au bureau pour travailler. Je n'ai pas besoin d'être distraite par les réactions que mon habillement provoque. C'est mon point de vue. Il n'est ni bon ni mauvais, mais je sais que c'est bon pour moi. C'est ce que vous avez besoin de découvrir par vous-même.

Maintenant, que pouvez-vous désencombrer? Soit dit en passant, je crois fortement à la charité, alors assurez-vous de donner ces choses-là à une bonne organisation. Je pense que la prochaine étape pourrait être de faire le ménage de vos livres et de votre paperasse. Cela n'a rien à voir avec la perte de poids, mais cela à beaucoup à voir avec le lâcher prise de votre ancien moi.

Commencez par regarder vos anciens livres scolaires et vos anciennes notes. Ceci s'applique surtout aux personnes dans la trentaine et plus. Il m'arrive de garder un livre, mais pas toutes les notes. Je sais que je ne les regarderai jamais à nouveau. Mon mari trouve parfois que je suis trop rapide à mettre les choses à la poubelle. Il a raison. De temps à autre, ayant oubliée l'avoir fait, je cherche des choses que j'ai jetées. Encore une fois, faites ce qui est bon pour vous. Une autre chose à regarder ce sont les souvenirs de vieux copains ou d'ex conjoints. Est-ce qu'on jette tout? Non, pas nécessairement. Encore une fois, cela dépend de vous. On peut se sentir bien de se débarrasser de certaines choses, comme des vieux albums photos (bien que ce soit moins problématique avec les photos numériques). Ce processus de nettoyage est très important. Cela vide certains domaines de votre vie et laisse place à de meilleures choses à venir.

VOTRE VOCATION

Sentez-vous que vous êtes au mauvais endroit? Êtes-vous satisfaite de ce que vous faites tous les jours? Dans l'esprit d'être à votre meilleur et d'être la personne que vous êtes censée être, ce sont des questions importantes. De toute ma vie, je ne me suis jamais posée autant de questions que dernièrement. Beaucoup de temps est consacré au travail, il est donc important que ce travail nous rende heureuse. Imaginez tout le gaspillage d'énergie si vous allez au travail jour après jour totalement malheureuse. Trouvez votre vocation, votre passion, ce qui vous rend heureuse. Certes, votre vocation peut être votre travail mais ce n'est pas une nécessité. Pour certains, cela peut être un passe-temps favori et c'est très bien. Si vous avez un travail qui est bien et que vous n'êtes pas malheureuse, il paie les factures, et si vous avez une passion qui vous fait vibrer et vous motive dans vos passe-temps, alors c'est super. Pour d'autres personnes, comme moi, leur travail doit être leur vocation.

Chapitre 6: C'est le temps de faire du ménage

La grande question à vous poser est : Quelle est votre vocation? Ce n'est pas toujours facile de répondre. Certaines personnes savent tout de suite ce que c'est tandis que d'autres, comme moi, n'en ont aucune idée. Quelques trucs peuvent vous aider à identifier votre vocation. Faites une liste de ce que vous aimez faire, de ce qui vous rend heureuse et de ce qui vous rend malheureuse. Vous pourrez constater que ce qui vous attirait quand vous aviez 20 ans peut différer aujourd'hui. Ce qui me rend heureuse aujourd'hui diffère beaucoup d'il y a vingt ans. Prenez le temps d'évaluer si vous avez besoin de changer de carrière.

C'est la même chose pour votre environnement. Êtes-vous satisfaite de là où vous vivez (votre maison et votre voisinage)? Aimez-vous toujours votre maison, aimez-vous l'hiver? Pensez à tout ce qui vous rend insatisfaite ou mécontente et faites une liste. L'idée est de vous mettre en action pour réduire la liste des insatisfactions et augmenter la liste de ce qui vous rend heureuse.

La conclusion de ce chapitre est simple (un peu moins simple d'agir !). Suivez votre instinct et posez les bonnes questions. Mettez fin à ce qui vous rend malheureuse et faites le ménage.

Chapitre 6 En bref

- ➢ Faites le tour de vos relations. Est-ce qu'elles sont bonnes pour vous?
- ➢ Faites un bon ménage de vos tiroirs et de vos armoires.
- ➢ Habillez-vous comme vous voulez vous sentir.
- ➢ Quelle est votre vocation?
- ➢ Êtes-vous bien dans votre environnement aujourd'hui?

Chapitre 7 : Assez avec la culpabilité et l'anxiété

Bien sûr, il y aura toujours du mauvais autour de vous. Mais il y a cette chose extraordinaire : La lumière l'emporte toujours sur les ténèbres. On peut allumer une chandelle dans l'obscurité, mais on ne peut pas « allumer » l'obscurité dans la lumière.

JODI PICOULT
Auteure américaine

LA CULPABILITÉ

Commençons par la culpabilité. La culpabilité est un sentiment lourd à porter, n'est-ce pas? Elle vous démolit, vous fait sentir comme si vous étiez quelqu'un de mauvais. Il y a différentes sortes de culpabilité. Parfois, c'est de la culpabilité que vous ressentez depuis des années, parfois, c'est la culpabilité que vous ressentez sur le coup, parce que vous avez dit « Non ». Beaucoup de livres nous enseignent comment dire « Non », mais concentrons-nous d'abord sur de la vielle culpabilité. Je me sentais coupable de ne pas avoir toujours bien traité mon frère quand nous étions jeunes. Un été, il a été très malade et a dû être hospitalisé; je ne suis pas allée le voir. Il m'en a parlé alors que nous étions devenus des adultes et je me suis sentie coupable. Il m'a dit de ne pas m'en faire, mais je sais que cela l'a blessé et qu'il a caché cette blessure au fond de lui-même. J'aime mon frère. Il est mon préféré. Étant le dernier enfant d'une famille de dix, ça n'a pas été facile pour lui et je suis fière de lui. Il s'est battu pour se rendre où il est et, contre toute attente, il a une belle famille. Pour ces raisons, je lui ai demandé s'il voulait me conduire à l'autel à mon mariage. Ce fut un grand moment pour nous deux. Quand je regarde les photos du mariage, il a vraiment l'air heureux et fier d'avoir accepté. Je crois bien avoir résolu

Chapitre 7 : Assez avec la culpabilité et l'anxiété

mon sentiment de culpabilité vis-à-vis de lui et ça me rend heureuse. Voici une chose importante à propos de la culpabilité : vous pouvez seulement contrôler votre part du problème. Si vous avez blessé quelqu'un que vous aimez, que vous vous êtes excusée auprès de cette personne en tentant de ramener l'harmonie entre vous, vous pourrez alors vous sentir en paix avec vous-même. Si cette personne ne veut pas tourner la page, c'est son problème, pas le vôtre. Vous n'y pouvez rien. Éloignez-vous, sinon elle drainera votre énergie.

Une autre de mes causes d'un sentiment de culpabilité était le succès. Je me sentais coupable de réussir. Pour ne pas vivre ce sentiment, je m'organisais pour réussir, mais sans trop d'éclat, juste réussir un peu. C'était comme s'il y avait un seuil de réussite que je ne devais pas dépasser. Voilà une autre de mes croyances que j'ai dû changer. N'est-ce pas surprenant tout ce qu'on peut découvrir sur soi-même en creusant un tout petit peu? Il y a quelques années, je n'aurais jamais cru me sentir coupable parce que je réussissais. Comme j'étais une des plus jeunes de ma famille, je croyais que le succès appartenait aux plus vieux, pas à moi. La culpabilité venait aussi du fait que j'ai grandi dans la pauvreté. Si je réussissais vraiment bien, par exemple en devenant multimillionnaire, est-ce que les gens ne voudraient pas que je partage ma richesse avec eux, un peu comme lorsqu'on gagne à la loterie? Mes pensées allaient vers les problèmes qu'engendrent la richesse au lieu des avantages. Surprenant! C'est comme voir uniquement les côtés négatifs de gagner à la loterie. J'avais vraiment besoin de me ramener les deux pieds sur terre. Je devais me concentrer sur ce qui est vrai. Je suis une personne bonne et généreuse; je saurais gérer équitablement un gain à la loterie ou ma propre richesse que j'aurai gagnée à la sueur de mon front. Je ne devrais même pas m'en faire avec ce sentiment qui provient de mon ancien besoin de plaire à tout le monde et de détester dire non. Et vous, que faites-vous par rapport à la culpabilité? Voici quelques étapes que vous pourriez suivre :

Chapitre 7 : Assez avec la culpabilité et l'anxiété

1. Faites la liste de vos sentiments de culpabilité puis examinez-les un à un.
2. Révisez et analysez chacun d'eux.
3. S'il s'agit d'un vieux sentiment de culpabilité que vous ressentez par rapport à quelqu'un que vous aimez, appelez-le, écrivez-lui, expliquez-lui où vous en êtes et essayez de résoudre le problème avec lui. J'aborderai ce sujet plus en profondeur dans le chapitre sur le pardon.
4. Si la personne est décédée, écrivez-lui tout de même une lettre pour vous libérer. Si le problème est trop grave, consultez un thérapeute.
5. S'il s'agit d'une culpabilité à propos de quelqu'un que vous n'aimez pas particulièrement, vous pouvez faire comme suggéré à l'étape 3 (parce que vous le faites pour vous, pas pour lui) ou encore, écrivez une lettre puis brûlez-la.
6. Au quotidien, concernant la culpabilité face à votre incapacité de dire « Non » quand vous le souhaitez, allez-y petit à petit. Choisissez un petit défi et dites « Non ». Puis attaquez-vous à un défi un peu plus grand. Y aller petit à petit est une excellente façon de faire. Avant, j'avais de la difficulté avec l'autorité. J'étais incapable de dire « Non » à mes patrons lorsqu'ils voulaient me confier un projet ou que je fasse des heures supplémentaires. J'ai commencé avec de petits défis. Je devais toutefois peser le pour et le contre avant de dire non à de nouveaux projets. Car il est important d'accepter les conséquences de nos décisions sur notre carrière.

Soyez attentive à vos émotions lorsque vous faites cet exercice. Vous savez quand vous vous sentez bien et quand vous êtes mal à l'aise. Vous ne voulez surtout pas dire non à tout et à tous! Ce serait tomber dans l'autre extrême.

Chapitre 7 : Assez avec la culpabilité et l'anxiété

Souvenez-vous qu'on vit en société et qu'on doit négocier avec les autres tout le temps. Je crois que la culpabilité est liée à un manque d'estime de soi. Donnez-vous la place que vous méritez dans votre vie. Cessez d'en donner autant au travail, aux amis, aux collègues, à votre conjoint, aux enfants et si peu à vous-même. Comme on l'a déjà vu, commencez par de petits défis puis augmentez graduellement la difficulté. Lorsque vous sentez monter en vous ce sentiment de culpabilité, parlez-lui et riez-en. Ou encore, vous pourriez créer une formule, une phrase positive à dire pendant 30 jours.

L'ANXIÉTÉ

L'anxiété tue les rêves. Vous devez réellement travailler à résoudre ce problème si vous voulez continuer d'avancer, parce que l'énergie que vous perdez à vous inquiéter pour tout et pour rien n'est pas bien investie. Utilisez plutôt ce temps pour confirmer vos objectifs, les travailler et les visualiser. Allez-y une étape à la fois. Vous avez mis des années à construire cette façon anxieuse de réagir, elle ne disparaîtra pas en claquant des doigts. Comme en toute chose, vous devez savoir où vous êtes avant de chercher à savoir comment vous rendre là où vous voulez être. Avant, j'étais anxieuse à propos de tout, tout le temps. Je m'étais moi-même étiquetée « l'anxieuse ».

Je m'inquiétais de :
- prendre du poids;
- ne pas avoir un corps parfait;
- ne pas impressionner mon supérieur (ou toute figure d'autorité);
- ne pas être aimée de tous;
- ce que les gens pourraient penser si je faisais ceci ou cela;
- me perdre en conduisant ma voiture;
- rater la correspondance entre deux avions;

Chapitre 7 : Assez avec la culpabilité et l'anxiété

- avoir un mauvais siège dans l'avion;
- ne pas être aimée par mes employés;
- ne pas pouvoir m'asseoir où je veux à la piscine ou à la plage lorsque j'étais en vacances.

Je pourrais continuer comme ça pendant longtemps, je m'en faisais pour tout.

Je vais beaucoup mieux maintenant. Comme mon mari n'est pas anxieux; j'ai beaucoup appris de lui. Mais pourquoi s'en faire pour quelque chose qu'on ne peut pas contrôler? C'est vrai. Traçons une ligne entre les bonnes et les mauvaises raisons de s'inquiéter.

1. Si vous êtes préoccupée parce que vous voulez que votre travail soit bien fait ou que votre discours soit intéressant ou encore, réussir votre examen, ce sont là de bonnes raisons de vous inquiéter. Une bonne raison de s'inquiéter vous force à être attentive et à travailler pour vous améliorer et réussir. Par exemple, observons l'anxiété devant un examen difficile. Premièrement, ne vous écrasez pas avec de mauvaises pensées du genre : « c'est trop difficile; je ne suis pas assez intelligente; je vais couler, c'est sûr ». Rappelez-vous de contrôler vos pensées. Si vous êtes dans cette classe en train de faire cet examen, c'est que vous avez mérité d'y être, que vous étiez destinée à y être et que vous pouvez réussir. Maintenant, roulez vos manches et étudiez. Subdivisez vos objectifs. Faites ce que vous trouvez le plus difficile en premier, tout en vous gardant des questions faciles, question de ne pas devenir dingue. Si c'est trop difficile, trouvez de l'aide. Faites tout ce que vous pouvez pour vous sentir prête pour cet examen de sorte qu'après, vous pourrez vous dire fièrement que vous avez vraiment fait tout ce qui était possible pour bien vous préparer. Ce que je veux

Chapitre 7 : Assez avec la culpabilité et l'anxiété

dire c'est que l'inquiétude, bien gérée, peut devenir un moteur de réussite. Ceci vaut aussi pour le travail. Si un projet vous paraît trop gros, subdivisez-le en sous-projets et abordez-les un à un. Pensez à déléguer ou à demander de l'aide à un collègue. L'anxiété reliée au fait d'avoir à faire un discours est courante. J'éprouve aussi cette anxiété. La meilleure façon de calmer le stress et l'inquiétude est de pratiquer, pratiquer et pratiquer. Vous pouvez commencer par pratiquer seule; par contre, il vous faudra aussi pratiquer devant quelqu'un pour obtenir des critiques constructives. Il se donne des cours que vous pouvez suivre si vous voulez devenir bon orateur. Mais peu importe le nombre de cours que vous prendrez, vous devrez toujours vous pratiquer encore et encore. John F. Kennedy n'était pas un bon orateur à ses débuts, lorsqu'il parcourait le Massachusetts pour devenir membre du congrès. Heureusement, il avait toute sa famille pour lui faire des critiques constructives et l'aider à s'améliorer. Et comme on le sait, il a réussi.

2. Le deuxième type d'anxiété est lorsque vous vous sentez en danger. Suivez votre intuition et adaptez-vous à la jungle urbaine. Si vous stationnez dans un stationnement souterrain en sachant que vous devrez reprendre votre voiture à une heure du matin, pensez à votre sécurité et, s'il le faut, trouvez un meilleur endroit pour stationner. S'inquiéter parce qu'on marche la nuit dans un endroit peu sûr est un bon genre d'inquiétude.

Comme dans toute chose, vos inquiétudes doivent vous servir uniquement de manière positive. Si votre sécurité vous inquiète au point où vous ne sortez plus de chez vous, alors c'est un problème pour lequel vous devez consulter un professionnel.

Chapitre 7 : Assez avec la culpabilité et l'anxiété

Passons maintenant aux autres types d'inquiétudes.

J'ai toujours cette inquiétude de reprendre du poids. J'ai toujours dit que perdre du poids est facile, que ce qui est difficile, c'est de le maintenir. Qu'est-ce que je pourrais faire pour me débarrasser de cette inquiétude? La meilleure chose à faire est de développer de bonnes habitudes de vie. Je ne m'inquiète pas pour ce qui est de me brosser les dents ou de me démaquiller le soir. Ces habitudes santé font partie de ma routine. Je les fais automatiquement et je ne m'en fais pas du tout avec cela. Donc, par où commencer? Débarrassez-vous de vos vieilles croyances. Ce sont des croyances qui vous servent mal.

Par exemple, prenons mon inquiétude de regagner du poids et analysons-la pour voir comment je pourrais mettre en œuvre une action positive et renforcer certains comportements. Prenons une bonne journée typique. Pour déjeuner, je prends des bleuets ou des fraises avec des graines de lin, des amandes broyées et du lait d'amande. Ce déjeuner comprend des fruits, de bons gras et des protéines. Parfois, je prends un grand bol de fruits; ainsi, je prends tous mes fruits dans une seule portion et je ne les mêle pas avec d'autres aliments, ce qui facilite la digestion. Comme je n'aime pas les œufs et que je suis intolérante au gluten, je ne mange ni pain ni céréales ordinaires. J'ai trouvé une céréale sans gluten, à base de maïs, qui a bon goût et que je prends de temps à autre. Mais je suis toujours à la recherche d'un pain sans gluten qui n'est pas congelé! Pour moi, le déjeuner n'est pas un problème. Prendre un déjeuner santé est devenu une habitude parce que j'ai développé un bon comportement. Pour la collation du matin, je prends des fruits ou des légumes et des protéines. Pour dîner je mange des restes, ou une salade, ou des sushis, ou simplement une soupe repas (nouilles de riz, poulet ou bœuf et légumes). Pendant la journée, comme breuvage, je bois du

Chapitre 7 : Assez avec la culpabilité et l'anxiété

thé ou du café décaféiné (avec du lait d'amande) et beaucoup d'eau. J'ai banni les boissons gazeuses de mon alimentation. Il peut m'arriver d'en prendre, disons une fois par mois, mais diète, bien sûr. Bon, on arrive au point qui est critique pour moi. C'est au milieu de l'après-midi que je suis la plus vulnérable. Il me prend des envies de manger des biscuits ou des barres de chocolat. Le soir aussi, je suis vulnérable. J'aime prendre de gros repas. Voilà de mauvaises habitudes. Je devais donc modifier ces habitudes, comme par exemple, en mangeant plus souvent. Au lieu de manger trois gros repas, je pourrais manger santé à chaque deux ou trois heures. Je pourrais aussi avoir un plus gros déjeuner ou une plus grosse collation au milieu de l'avant-midi, de façon à ce que je ressente moins la faim l'après-midi et à l'heure du souper.

Grâce à ces nouveaux comportements, j'ai tendance à manger presque tout le temps. Je préfère maintenant prendre de plus petits repas aux deux ou trois heures. Pour moi, il est vraiment important de ne jamais avoir l'estomac plein au point d'avoir du mal à respirer. Vous connaissez cette sensation : vous allez à votre resto favori, vous mangez le pain, la salade, les pâtes, le dessert. Vous êtes tellement bourrée que vous avez du mal à vous rendre à la porte. Je me rends compte que ça me rassure de manger à intervalle régulier. Les petits repas me donnent une impression de sécurité et de bien-être.

L'autre action que j'ai mise en œuvre est de faire régulièrement de l'exercice. J'en fais à tous les jours. Cela m'aide à demeurer stable. J'avais l'habitude de m'entraîner le matin, mais comme j'aime écrire tôt le matin, je m'entraîne maintenant le soir. J'essaie aussi d'aller marcher à l'heure du dîner lorsqu'il fait beau dehors. En plus, je marche pour me rendre au travail.

Chapitre 7 : Assez avec la culpabilité et l'anxiété

Stabiliser mon poids à mon poids cible est parfaitement faisable, mais nécessite une attention soutenue. Parfois, je me plains et je chiale: « Pourquoi est-ce si difficile? » Dans ces moments-là, je dois me rappeler que ce sont mes choix et que je dois faire avec. Je pourrais peser 20 livres de plus; ce serait plus facile de maintenir ce poids, mais ça ne me rendrait pas heureuse. Je dois cesser de me plaindre et passer à autre chose. L'astuce est de s'assurer de trouver le poids qui nous fait nous sentir bien. Je suis consciente qu'étant dans la quarantaine, je n'aurai plus jamais l'air d'être de la vingtaine. Lorsque j'étais dans la vingtaine, je n'avais pas l'air d'être de la vingtaine! Pour rester dans à mon poids cible, je me pèse une fois par semaine. Et si j'ai pris un peu de poids, je réagis sur le champ pour revenir à mon poids cible. Je crois que cela est très important parce que si je me laisse glisser, il me sera plus difficile de revenir à mon poids cible. Parfois, ça m'ennuie de devoir mettre autant d'énergie à maintenir mon poids alors que pour d'autres, cela semble si facile. Mais je dois cesser d'envier les autres, parce que lorsqu'on creuse un peu, on se rend compte que ça n'a pas été facile pour eux non plus. Ils ont dû persévérer dans leurs efforts et concentrer leur énergie sur les tâches à accomplir. Ils ont également dû faire un acte de foi. Je pense à des gens comme Jack Canfield, Oprah, Coco Chanel et Tony Robbins. Aucun n'a réussi du jour au lendemain, mais de croire en eux a été à la base de leur réussite.

Donc, arrêtez dès maintenant d'envier ceux pour qui tout semble facile. Devenez plutôt comme eux. Acceptez que pour demeurer mince et en forme, il vous faudra être concentrée et constante dans vos efforts. Pour moi, d'accepter cela a supprimé l'anxiété. J'ai remplacé cette anxiété par une meilleure connaissance de moi. Il n'y a aucun doute dans mon esprit, je peux y arriver. Je sais comment atteindre mes buts. De regarder ceux qui y sont parvenus et de lire leur biographie, m'aide à demeurer concentrée. L'inquiétude

Chapitre 7 : Assez avec la culpabilité et l'anxiété

implique de douter de soi, mais j'ai plein d'exemples qui me prouvent que je peux réussir en suivant les étapes de base décrites ci-dessous :

Supprimez l'anxiété en vous créant une nouvelle croyance.
Vous n'êtes pas une « anxieuse ». Vous êtes une femme d'action.
Supprimez l'anxiété en mettant en œuvre des actions et en changeant vos comportements.
Supprimez l'anxiété en élaborant un plan et en le suivant avec persistance.
Supprimez l'anxiété en vous disant qu'échouer n'est pas une option.
Supprimez l'anxiété en visualisant une vie extraordinaire sans anxiété et combien extraordinaire elle le sera pour les cinq, dix, vingt prochaines années et le restant de vos jours.

Je suis persuadée que, lorsque vous cesserez de vous sentir coupable et de vous en faire pour tout et pour rien, votre vie s'améliorera. Vous vous sentirez moins stressée et plus en contrôle de votre destin. Vous n'aurez pas l'impression de laisser les autres décider qui vous êtes et comment vous devriez vous sentir.

Chapitre 7 En bref

- ➢ Qu'est-ce qui vous fait sentir coupable? Dressez une liste.
- ➢ Qu'est-ce qui vous inquiète? Dressez une liste.
- ➢ Résolvez chaque problème, une étape à la fois.

Chapitre 8: De l'intérieur vers l'extérieur

Évoluer dans votre avenir en santé, en grâce et en beauté ne doit pas prendre tout votre temps. Cela doit plutôt exiger un engagement à prendre soin de vous comme si vous étiez rare et précieux, ce que vous êtes, ainsi que de toute la vie autour de vous, qui l'est tout autant.

VICTORIA MORAN
Écrivaine américaine et conférencière, spécialisée
dans les livres sur la spiritualité et la nutrition

Par où commence-t-on? En découvrant où vous en êtes! Les premiers chapitres de ce livre vous ont donné un aperçu de qui vous êtes et où vous en êtes. Creusons un peu plus.

OÙ EN ÊTES-VOUS

Physiquement
Faites un examen physique complet. En plus d'un examen médical régulier (pression artérielle, diabète, etc.), assurez-vous de tester et de calculer votre masse osseuse, le pourcentage de graisse et d'eau dans votre corps, votre âge métabolique ainsi que votre capacité aérobique. Ces chiffres vous donneront un point de départ concret avec lequel vous pourrez travailler. En supposant que vous n'avez pas de grands problèmes de santé, vous pouvez maintenant travailler sur des objectifs concrets plutôt que simplement regarder votre poids sur une balance. Vous avez des points de départ pour toutes sortes d'objectifs. Voici les résultats constatés par mon entraîneur personnel lors de mon bilan forme et santé au gym :

Catégories		Buts et commentaires
% de gras	38%	Le pourcentage de graisse corporelle pour les femmes se situe entre 25% et 30%. Un bon objectif cible est de 27%.
% d'eau	45,7%	Un pourcentage d'eau sain est d'environ 60%. Il est nécessaire de boire jusqu'à 1,5 litre d'eau par jour.
Graisse viscérale	7 livres	La graisse viscérale est la graisse qui entoure vos organes vitaux. L'idéal se situe entre 4-5 livres.
Masse osseuse	5,4 livres	La moyenne devrait être de 5,3 livres pour une femme dont le poids se situe entre 110 et 165 livres.
Âge métabolique	60	Il s'agit d'un calcul de la façon dont votre corps utilise l'énergie selon votre groupe d'âge. Mon âge métabolique est près de quinze ans plus élevé que mon âge chronologique!
Masse musculaire	103 livres	But: entre 108 et 110 livres.
Cardio	faible	J'avais de la difficulté à respirer en montant les escaliers. Un bon objectif est d'être capable de faire 30 minutes d'activité aérobique à environ 80%. Cependant, un moyen simple pour commencer est de simplement marcher ou monter les escaliers chaque fois que cela est possible. Les podomètres sont également disponibles pour vous aider à suivre vos pas (et vous donner une motivation supplémentaire). Le but est de faire un minimum de 10,000 pas par jour. J'utilise le Bit Fit et j'adore.

Chapitre 8: De l'intérieur vers l'extérieur

Catégories		Buts et commentaires
		L'application est sans fil et se met à jour avec vos iPhone, iPad et ordinateur. Allez-y doucement, vous en retirerez plus de plaisir et vous serez moins tentée de lâcher. Faites seulement ce que vous vous sentez à l'aise de faire chaque jour. Et, n'oubliez pas de consulter votre médecin avant de commencer tout programme d'exercice.
Flexibilité	Moyenne	Certaines personnes sont naturellement plus souples que d'autres. Mais, l'étirement et le travail sur la flexibilité sont importants et devraient être intégrés dans votre routine. Encore une fois, les étirements ne doivent pas être douloureux. Attention de ne pas exagérer, car vous pourriez vous blesser.
Problèmes spécifiques	Genoux et dos	Faites attention à vos faiblesses physiques. Je ne peux pas faire de sauts à cause d'un manque de cartilage dans mes genoux. Je dois aussi faire attention à une vieille blessure au dos et prendre le temps de m'étirer et de renforcer ce dos. Chiropraticiens, ostéopathes, physiothérapeutes peuvent tous vous aider à contourner certaines limitations physiques ou des problèmes de santé (par exemple, le diabète).

| 109

Chapitre 8: De l'intérieur vers l'extérieur

Donc, j'avais besoin de plus de muscle, moins de gras, un meilleur âge métabolique et un meilleur système cardiovasculaire. Pour lutter contre le manque d'hydratation du corps, je devais me pencher sur la nutrition et étudier les différentes informations disponibles ainsi que m'informer quant aux allergies et aux intolérances.

Une bonne façon de découvrir quelles sont vos allergies et vos intolérances, c'est de faire une cure de désintoxication. Comme les allergies sont généralement assez évidentes, vous les connaissez sans doute déjà. Les intolérances sont plus difficiles à détecter. J'ai fait une cure de désintoxication supervisée durant dix jours et ensuite j'ai lentement réintroduit les aliments que je soupçonnais problématiques. Je pensais avoir deux intolérances. La première concernait les produits laitiers. Les produits laitiers produisaient tellement de mucus dans mon système respiratoire que j'avais toujours l'impression d'avoir un rhume ou une sinusite.

J'avais également des soupçons à propos du gluten parce que beaucoup de membres de ma famille souffrent de la maladie cœliaque (réaction extrême au gluten). J'ai une intolérance. Ce n'est pas extrême, mais il y a des moments où mon corps rejette le gluten. En général, je gonfle et j'ai des problèmes de digestion. Curieusement, alors que j'essayais différents grains afin d'éviter le gluten, j'ai découvert que j'ai une allergie importante au quinoa! Je vais vous parler un peu plus de la désintoxication dans le chapitre sur les traitements.

Donc, voilà où nous en sommes. Savoir d'où vous partez du point de vue physique est nécessaire et utile. Si votre dernier examen médical remonte à plusieurs années, il sera nécessaire de vous soumettre à un tel examen. Vous devez savoir où vous en êtes pour que vous puissiez savoir où vous allez.

Chapitre 8: De l'intérieur vers l'extérieur

Maintenant, travaillons sur notre bien-être mental.

<u>Mentalement</u>
Au cours des derniers chapitres, nous nous sommes concentrées sur la préparation mentale afin de perdre du poids et de ne pas le reprendre. Maintenant, passons un moment à observer votre état mental. Nous avons plusieurs couches à observer, vous vous souvenez?

Quand j'ai entrepris ma perte de poids en préparation au mariage, j'ai fait ce qu'on appelle un camp d'entraînement, « boot camp ». C'est super pour lancer un nouveau programme d'amélioration de votre santé, mais pour quelqu'un comme moi qui voulais perdre du poids pour la validation externe, c'est dangereux. Cela a donné d'excellents résultats, mais au fond je savais que dans ma tête, inconsciemment, c'était impossible de rester dans le mode « boot camp » pour toujours. J'avais un plan pour assurer le suivi après le mariage, mais j'étais fatiguée, j'avais travaillé si dur et j'avais déjà obtenu la satisfaction d'avoir atteint mon objectif de poids pour le mariage. Le résultat a été que j'ai commencé à glisser ici et là et, en fin de compte, j'ai abandonné puis repris du poids.

Alors, avant de débuter, voici quelques questions importantes que vous devez vous poser pour savoir où vous en êtes mentalement:
- Pourquoi voulez-vous perdre du poids?
    - Pour vous-même?
    - Pour les autres?
    - Pour un événement?
    - Pour être en bonne santé et / ou mince pour un court laps de temps?
    - Pour être en bonne santé, solide, flexible, et au meilleur de vous-même pour toujours?

Chapitre 8: De l'intérieur vers l'extérieur

- o Parce que vous êtes tannée de ne pas être à votre meilleur?
- o Parce que vous savez que vous n'êtes pas qui vous êtes censée être?
- o D'autres raisons?

➢ Quelles sont vos mauvaises habitudes?
- o Manger ses émotions en est un bon exemple.

➢ Quelles sont les croyances qui vous limitent?

➢ Quels sont les domaines de votre vie avec lesquels vous êtes insatisfaite?
- o Votre carrière?
- o L'amour?
- o La famille et les amis?
- o La communauté?
- o La maison?

➢ Qu'êtes-vous prête à faire pour le reste de votre vie?

➢ Pourquoi n'avez-vous pas pris votre vie en main jusqu'à présent?
- o Qui blâmez-vous?
- o Quel événement passé blâmez-vous ou dépensez-vous toute votre énergie à y penser?
- o Dans votre vie quotidienne, vous êtes la victime ou le héros? Pourquoi?

➢ Pourquoi est-il plus douloureux pour vous de perdre du poids et d'être en bonne santé que de ne pas le perdre?

➢ Qu'est-ce qui se passe actuellement dans votre vie qui est stressant (bon ou mauvais)?
- o Y a-t-il un événement à venir qui est stressant?
- o Vivez-vous de grands changements au travail ou au sein de votre famille?
- o Allez-vous rencontrer quelqu'un qui vous bouleverse?

Chapitre 8: De l'intérieur vers l'extérieur

- ➢ Est-ce que vos pensées vous aident ou sabotent vos efforts?
- ➢ Qu'avez-vous fait dans le passé qui a bien fonctionné?
    - o Modifier une mauvaise habitude?
    - o Modifier une croyance?
    - o Perdre du poids?
    - o Vous sentir super bien toute une journée?

- ➢ Faites une liste de tous vos succès depuis votre enfance. Cela vous aidera à réaliser que vous avez fait de grandes choses dans votre vie.

Wow, la liste ci-dessus est une mini thérapie en soi, n'est-ce pas? Votre corps et votre esprit sont absolument merveilleux. Si vous mangez trop, êtes boulimique, buvez à l'excès, prenez de la drogue, vivez du surmenage, ou bien, si vous blessez votre corps de quelque manière que ce soit, c'est parce que vous n'êtes pas heureuse dans un ou plusieurs domaines de votre vie. Vous n'êtes pas satisfaite. Vous n'êtes pas où vous voulez être. Quelque chose ou quelqu'un ne devrait pas être dans votre vie, il n'est pas à sa place. Quelque chose ou quelqu'un devrait être dans votre vie, qui est présentement absent. Vous comprenez.

Commencez lentement. Passez en revue les questions dans votre journal et commencez à faire vos listes. Examinez et analysez tout. Votre journal est votre meilleur outil, mais pour ce chapitre, vous trouverez peut-être plus facile d'utiliser un ordinateur à l'aide duquel vous pourrez faire des tableaux et comparer vos réponses. Vous n'avez pas à tout faire le même jour, vous n'êtes pas arrivée où vous êtes en une semaine. Cet exercice peut être difficile, soyez patiente avec vous même. Si vous êtes enthousiaste à l'idée de changer, vous voudriez que tout arrive maintenant. Je suis pareille. Jamais de paroles plus vraies n'ont été prononcées que « le voyage est plus important que la destination ».

Chapitre 8: De l'intérieur vers l'extérieur

Cette tâche peut sembler énorme, mais vous ne pouvez pas la contourner. Si vous voulez résoudre le problème de l'intérieur, vous avez besoin de savoir ce qu'il y a là-dedans. Si, en cours de route, ce que vous découvrez est trop douloureux, demandez l'aide d'un thérapeute. Les thérapeutes savent ce qu'ils font.

Après avoir repris du poids, j'ai réalisé qu'afin de le faire pour de bon, je devais perdre le poids de « l'intérieur ». Je voulais comprendre et résoudre les raisons de mon alimentation émotive. En fait, si ce n'était de ma boulimie pendant les épisodes émotionnels, je serais très bien. J'aime m'entrainer et j'aime la nourriture saine. Je savais où concentrer mes efforts. J'ai passé toutes les questions au peigne fin et j'ai trouvé toutes sortes de réponses, des réponses très utiles. Dès que vous glissez, vous devez revenir en arrière et vous poser des questions précises pour connaître le pourquoi.

À la base, c'est certain que j'avais un problème de confiance en moi. Je devais travailler à le renforcer. Ce n'est pas une grande surprise que l'esprit et le corps soient intimement liés en permanence. Il faut travailler sur les deux ensemble, tout le temps. C'est pourquoi cette liste de questions est importante. Elle vous aidera à savoir ce qui se passe dans les coulisses et à découvrir ce à quoi vous ne portez pas attention. Les régimes rapides et les camps d'entraînement de remise en forme (boot camp) ne fonctionneront pas si vous ne corrigez pas aussi ce qu'il y a sous la carapace.

Trouvez les déclencheurs ou les habitudes qui vous empêchent d'atteindre votre objectif et la raison pour laquelle vous continuez sans cesse à faire du sabotage. Prenez un sujet à la fois et trouvez comment le résoudre, comme indiqué dans les chapitres précédents. Certains seront faciles alors que d'autres seront plus difficiles parce que peut-être que vous

Chapitre 8: De l'intérieur vers l'extérieur

n'êtes- pas encore entièrement prête à y faire face. Mais, la seule chose à garder à l'esprit est que l'échec n'est pas une option. Dès que vous laissez cette porte entrouverte, c'est comme une option vers l'échec. Votre moi infantile qui veut rester tel qu'il est, trouvera un moyen d'ouvrir grand cette porte et d'y entrer. Alors, fermez-la pour de bon. Vous avez vraiment besoin d'aborder cette question avec une attitude de détermination et d'amour de soi. Vous ne devez pas vous juger quand vous découvrez que vous avez besoin de la malbouffe pour une raison quelconque. Vous avez besoin de vous remplir d'amour, de compréhension et de pardon. Sachez que vous avez créé ce mécanisme d'auto préservation dans le passé et il vous a aidé à survivre, mais il ne vous sert plus aujourd'hui. Au contraire, il vous nuit. Soyez reconnaissante d'avoir été assez intelligente à l'époque pour l'avoir inventé. Mais maintenant, remplacez-le par un modèle plus sain. Soyez reconnaissante à chaque étape du chemin. Le manque d'amour de soi que vous avez pu nourrir envers vous-même doit être remplacé par l'amour de soi et la compréhension. Vous devez modifier cette attitude dès maintenant, pas quand vous serez mince.

Ces questions vous aideront à prendre conscience de vous-même. La chose la plus difficile est parfois de réaliser que vous avez pris de mauvaises habitudes. Prendre une mauvaise habitude peut se produire si lentement et si naturellement que lorsque vous vous en rendrez compte vous vous demanderez « Oh mon Dieu! Comment est-ce arrivé? » Il faut rester concentrée. Je ne plaisante pas. À la fin de cet exercice, vous devriez être sur la bonne voie pour connaître les réponses aux questions suivantes :

- ➢ Pourquoi voulez-vous maigrir?
- ➢ Pourquoi agissez-vous de cette manière?
- ➢ Quelles sont vos mauvaises habitudes et croyances?

Chapitre 8: De l'intérieur vers l'extérieur

- ➢ Qu'est-ce que vous êtes prête à faire pour vous rendre où vous voulez aller?
- ➢ Voulez-vous continuer à être une victime ou bien voulez-vous devenir votre propre héroïne?

Maintenant que vous savez où vous en êtes, nous allons examiner où vous voulez aller et prendre ce qui suit à titre d'exemple sur la façon de procéder.

OÙ ALLEZ-VOUS ET COMMENT Y ARRIVEREZ-VOUS?

Clarifions où nous allons et spécifiquement comment nous allons nous y rendre.

1. Je ne veux pas perdre du poids. Je veux avoir une relation saine avec la nourriture. Je veux que mes choix m'élèvent au lieu de me descendre. Je veux sentir la fierté, le bonheur, la force et le courage chaque jour. Je veux me sentir en bonne santé, je veux être en bonne santé. Je veux me sentir forte et être prête à affronter le monde chaque jour. Je veux cela pour mon esprit et mon corps. Je veux cela pour le reste de ma vie.
2. J'ai une liste de mes habitudes et de mes croyances qui doivent être modifiées pour correspondre à ce que je suis et à ce que je veux être. Je continue de mettre à jour cette liste au fur et à mesure que c'est nécessaire.
3. Je surveille mes pensées et je continue de les améliorer pour qu'elles correspondent à ce que je suis et à qui je veux être.
4. Je suis prête à affronter mes peurs et à changer mon habitude d'aller vers la nourriture quand me sentir anxieuse me fait peur. C'est une béquille depuis que je suis très jeune. Comment vais-je vivre sans elle? Mais je suis prête à faire face aux changements qui sont nécessaires dans ma vie afin d'atteindre mon objectif.

Chapitre 8: De l'intérieur vers l'extérieur

Si cela veut dire changer les gens autour de moi qui ne sont pas bons pour moi ou si cela veut dire changer mon travail que j'ai depuis quinze ans et mon gros titre de vice-présidente pour quelque chose que je trouve gratifiant et épanouissant tous les jours, je suis prête à le faire.

5. Je suis prête à faire l'effort d'apprendre et d'améliorer mon alimentation. Je suis prête à comprendre que, pour mon bien-être, j'ai besoin de m'entraîner à tous les jours. L'exercice me donne un sentiment de bien-être et cela m'aide à entrer en contact avec mon corps.
6. Je suis prête à être centrée et flexible. Si une chose ne fonctionne pas, je suis prête à l'analyser et à la modifier.
7. Je suis prête à impliquer des spécialistes pour m'aider à atteindre mes objectifs. Pourquoi ne pas utiliser les connaissances et l'expérience des personnes formées dans leur champ d'expertise pour augmenter mes chances de réussite?
8. Afin d'avoir une idée claire de ce que je veux, j'ai écrit mes objectifs sur papier et inscrit une date à laquelle je tiens à les atteindre. Je veux faire des choix selon ce que je sens qui est bon pour moi.

But	Détail	Date
On ne mange plus ses émotions	Suivre les instructions du chapitre 2. Créer une habitude saine, faire une promenade, respirer, boire une tisane, appeler une amie, écrire dans mon journal, etc.	Maintenant
Confirmation	Chaque matin : revoir ma détermination et être reconnaissante pour ce que j'ai dans ma vie.	Maintenant
Réflexion	Chaque jour: surveiller mes pensées et dire mes affirmations.	Maintenant

Chapitre 8: De l'intérieur vers l'extérieur

But	Détail	Date
	Faire une liste des pensées qui n'ont pas été utiles. Les analyser et en faire le ménage.	
Prendre le temps d'être heureuse	Mettre de côté du temps chaque jour pour faire une action qui me rendrait plus heureuse. Trouver une carrière qui est enrichissante et gratifiante: mettre à jour mon CV, faire des appels, faire la liste de mes intérêts, etc. Bien me traiter: prendre un bain, prendre rendez-vous pour une pédicure, un massage ou un facial. Pour chaque domaine de ma vie que je veux améliorer, créer une liste.	Maintenant
Corps	Réduire le pourcentage de gras pour être dans la moyenne. Amener le % d'eau à un niveau sain. Faire descendre le niveau de graisse viscérale de quelques livres. Améliorer l'endurance cardio-vasculaire (capable de faire une heure d'exercice à 80% de la fréquence cardiaque maximale. Améliorer la flexibilité (en général et sur les zones à problèmes). Atteindre la correspondance entre l'âge métabolique et l'âge chronologique. Augmenter la masse musculaire au besoin. Mesurer les critères de forme physique maintenant ainsi qu'à tous les mois.	6 mois (plus ou moins si on se concentre sur d'autres buts)
Nutrition	Éliminer les aliments pour lesquels j'ai des intolérances. Bannir les sucreries de la maison. Réduire la consommation de soda	Maintenant

Chapitre 8: De l'intérieur vers l'extérieur

But	Détail	Date
	(diète ou autre).	
Nutrition	Manger de plus petites portions mais manger plus souvent. Manger des fruits seuls le matin. Manger des légumes à chaque repas (excepté au déjeuner). Manger de la viande maigre. Manger du poisson ou des fruits de mer au moins une fois par semaine. Trouver de nouvelles façons intéressantes de manger des protéines qui n'impliquent ni viande ni poisson. Arrêter de manger trois heures avant d'aller me coucher. Boire de l'alcool lors des célébrations seulement. Réduire la caféine. Découvrir des façons de préparer des desserts sains.	Maintenant
Bien-être physique	Faire quelque chose à tous les jours. Pratiquer différentes formes d'exercice afin de ne pas m'ennuyer. Marcher partout (10 000 pas par jour). Considérer le yoga et / ou Pilates pour accroître la flexibilité et la force. Penser à des cours de Spinning (vélo d'intérieur en groupe). Considérer une machine elliptique et des poids à la maison. Penser à nager à la piscine locale. Recevoir un massage une fois par mois. Profiter du sauna et des bains de vapeur. Méditer à tous les jours.	Maintenant

Chapitre 8: De l'intérieur vers l'extérieur

But	Détail	Date
M'engager	La plupart des gens disent: « Allez-y doucement », mais cela ne fonctionne pas. Ce type de changement exige un effort massif avec un engagement total (100%). Ne vous laissez aucune possibilité d'échouer. Sentez-vous libre de changer et d'améliorer le plan, bien sûr, mais restez engagée à 100%. Ne pas essayer de tout contrôler. Manger des sucreries ou bien faire quelque chose qui va contre votre plan c'est un revers pas un échec. Lâchez prise. Bougez et remettez-vous sur les rails. Ne vous sentez pas coupable. Riez de vos anciennes habitudes. Appréciez le voyage! Oubliez les résultats, ils viendront d'eux-mêmes. Créez des affirmations positives que vous pouvez vous répéter plusieurs fois par jour.	Maintenant
On arrête et on écoute	Écouter mon corps. Le temps passé à me remplir de malbouffe est du temps passé à ne pas m'écouter. Rétablir la communication. Écouter mon âme et mon cœur. Si les pensées reviennent encore et encore, les écouter, les écrire et les analyser. Ensuite, les corriger. Les pensées reviennent tant et aussi longtemps qu'elles n'ont pas été écoutées et corrigées. L'action est nécessaire pour passer à l'étape suivante.	Maintenant
Connaître ses faiblesses	Suis-je plus faible quand je suis extrêmement fatiguée? Quand je suis	Maintenant

Chapitre 8: De l'intérieur vers l'extérieur

But	Détail	Date
	malade? Est-ce que la malbouffe devient de la nourriture de confort ou de la nourriture que je mérite étant fatiguée et faible? Si je rate un repas ou que j'ai trop faim, est-ce que je mange plus que nécessaire? Suis-je de mauvaise humeur, en colère et autoritaire quand j'ai faim? Dois-je manger tout ce que je peux trouver si j'attends trop longtemps entre les repas? Dois-je transporter des collations pour éviter de trop manger pendant la journée? J'ai besoin de garder les yeux grands ouverts et faire ma liste de pièges potentiels.	
Enregistrer mon progrès	Je vais continuer d'écrire dans mon journal. Le week-end, je vais faire une analyse complète de la semaine. Je vais voir où je peux m'améliorer, où je vais très bien et voir quoi changer pour la semaine suivante. À intervalles réguliers, je vais refaire les tests physiques et les mesures et je passerai en revue l'analyse de mes habitudes, mes pensées et mes croyances. Je vais constater ce que j'ai accompli et je vais changer tout ce qui doit être amélioré.	Maintenant

À ce stade, vous devriez avoir une vision claire de ce que vous voulez. Pourquoi ne pas l'écrire dans un modèle de contrat et le signer? C'est ce que Bob Green avait suggéré à l'émission d'Oprah. C'est une excellente idée. On le garde dans un endroit où on le voit régulièrement. N'hésitez pas à le modifier et à le signer de nouveau si quelque chose ne fonctionne pas.

Votre but est de faire de ces objectifs votre priorité dans votre vie. Pourquoi? Parce qu'en ce moment, ne pas le faire vous rend la vie malheureuse. Ne pas le faire vous maintient dans un rôle de victime et de dépendance face aux autres en ce qui concerne votre bonheur. Si vous blâmez les autres, vous ne pourrez pas atteindre le niveau de respect et d'estime de soi que vous souhaitez atteindre. Visualisez-vous atteignant vos objectifs. Pensez à comment vous vous sentirez bien dans quelques mois et pour des années à venir.

Chapitre 8 En bref

- Où en êtes-vous, vraiment?
    - Physiquement
    - Mentalement

- Où allez-vous? Où voulez-vous aller?
    - Faites une liste de tout ce que vous voulez.

- Comment allez-vous vous y rendre?
    - Faites un plan détaillé.
    - Signez un contrat avec vous-même.

- Allez-y maintenant. Soyez engagée à 100%.

Chapitre 9: Comment ne pas prendre de poids en vacances, mon expérience

De vous aimer comme vous êtes est un miracle et de vous chercher, c'est de vous être trouvée, pour le moment. Le moment présent est tout ce que nous avons et l'amour est ce que nous sommes.

ANNE LAMOTT
Une romancière et une écrivaine, non fiction.

Eh bien, nous allons remonter dans le temps un peu. J'avais perdu mes vingt-cinq livres et j'ai eu un merveilleux mariage. J'étais superbe dans ma robe. Ensuite, mon nouveau mari et moi sommes partis pour notre lune de miel à Maui. Je pensais à comment j'allais faire pour ne pas prendre du poids pendant le voyage. J'avais demandé à plusieurs personnes autour de moi et tout le monde me disait que ce n'était pas possible: « Ce n'est tout simplement pas possible de ne pas prendre du poids en vacances ». Eh bien, je n'ai pas accepté cette réponse. J'ai mangé plus au mariage avec le gâteau et tout, mais quatre jours après la lune de miel, j'étais toujours au même poids que le jour du mariage. Contrairement à ce qu'on dit, il est possible de ne pas prendre de poids en vacances et voici comment.

J'ai rencontré le premier obstacle la journée du voyage. Nous ne sommes pas autorisés à apporter de la nourriture quand nous traversons les frontières, j'ai donc dû essayer de trouver de la nourriture convenable dans les aérogares. Il y a des aliments plus sains dans les aéroports que par le passé, mais pas beaucoup. J'ai pris de l'eau et des noix santé. Dans le salon

Chapitre 9: Comment ne pas prendre de poids en vacances, mon expérience

privé de la compagnie d'aviation, oui, je bénis mon mari, nous avons fait la plupart du voyage en première classe, j'ai trouvé des fruits frais, du granola et du yogourt faible en gras. Ce fut ma première erreur. Je suis intolérante aux produits laitiers. Par conséquent, en choisissant entre l'intolérance et les aliments gras j'ai choisi l'intolérance. Mon corps ne m'a pas pardonné. Au bout de quelques jours, j'ai commencé à tousser comme si j'avais fumé pendant trente ans et j'ai développé un mal de gorge. Après quelques jours de plus à consommer du lait, je me suis sentie comme si je suffoquais. Je me sentais comme si j'avais une infection des sinus et tout mon corps a commencé à se sentir mal. Mon choix d'aliments basé sur le maintien de mon poids a été à l'encontre de mon bien-être général. Voici un bon exemple de ne pas être à l'écoute des besoins de son corps. C'est aussi un parfait exemple de ce que je voulais changer avec mon nouveau plan et mon contrat avec moi-même: je voulais être à l'écoute des besoins de mon corps. C'était plus important qu'un yogourt faible en gras. Je n'aurais pas dû forcer mon corps à digérer quelque chose qu'il ne peut tout simplement pas digérer, parce que je ne voulais pas prendre de poids.

De retour au voyage en avion. Pour la première étape du voyage d'une durée de cinq heures et demie, nous étions en classe économique. J'avais mes noix et une banane. Je me suis assoupie, mais dans une mauvaise position et au moment où nous avons atterri à Los Angeles, j'avais un torticolis et le début d'une migraine. Mon mari et moi étions épuisés. Dans la nuit du mariage, nous nous sommes couchés à cinq heures du matin. Je me suis réveillée à neuf heures, incapable de me rendormir. Le lendemain, nous avons dû nous lever à cinq heures du matin pour prendre l'avion, j'ai donc dormi à peine neuf heures en deux nuits. À Los Angeles, nous avions une escale de trois heures avant notre prochain vol. J'étais tellement malheureuse; j'avais faim, j'étais épuisée, j'avais mal au cou et j'avais une bonne migraine. Nous avons trouvé un

Chapitre 9: Comment ne pas prendre de poids en vacances, mon expérience

restaurant où manger de la soupe et de la salade, mais je me sentais malheureuse à ce point que tout ce que je voulais c'était des aliments réconfort (sucreries). Être fatiguée et malade est un point faible chez moi : je perds toutes mes bonnes résolutions. Nous nous sommes rendus au salon où j'ai trouvé des cachets pour le mal de tête et mon mari m'a massé le cou. Il connaît bien l'endroit où se situe ma douleur, il réussit bien à l'atténuer, mais le retour au bien-être n'a pas été instantané. C'est alors que je me suis tournée vers ce qui me réconforte rapidement, de la malbouffe. Il y avait toutes sortes de nourriture dans le salon, y compris des biscuits et des raisins secs recouverts de yogourt (oui, une autre bonne décision de ma part!). Je me suis temporairement transformée en un monstre à biscuit (en référence à *Cookie Monster* de *Sesame Street*). Je ne suis pas fière de ce moment-là. L'attente était tellement ennuyeuse et j'avais tellement hâte d'arriver.

Enfin, nous avons pris le prochain avion, encore une fois pour une durée de cinq heures et demie. Par contre, pour cette étape du voyage, nous étions en première classe. Les agents de bord ont été formidables. Je ne sais pas si c'était parce que nous allions à Maui, mais tout le monde était gentil, souriant et détendu. Je me sentais mieux, mais j'étais maintenant sur une pente glissante. J'ai pris un bon repas de crevettes, riz et légumes avec du vin blanc. J'ai également accepté avec plaisir le pain et les biscuits au chocolat chauds. À quoi sert d'être en première classe si vous ne profitez pas des bons biscuits au chocolat chauds? À ce stade, mon moi adulte se demandait ce qui se passait. Je ne me reconnaissais plus. Qui était cette fille? Où était la fille qui avait quitté la maison ce matin-là avec toutes les bonnes intentions et croyances? Eh bien, j'étais épuisée. Je pense que le mariage, la course folle pour perdre du poids au cours des huit derniers mois et le stress de ne pas avoir pris de vacances convenables du travail pendant près d'un an, sans compter les dix-huit heures de voyage, avaient pris le dessus sur mes bonnes intentions. C'était comme si

Chapitre 9: Comment ne pas prendre de poids en vacances, mon expérience

toutes mes bonnes résolutions étaient sorties par la fenêtre. Heureusement, deux verres de vin et les sièges en première classe ont eu un effet bénéfique sur mon stress et ma fatigue. Mon mal de tête était presque disparu au moment où nous avons atterri à Maui. Que pouvais-je faire d'autre à ce stade que de me donner comme objectif de travailler à passer au travers ces moments difficiles sans m'auto détruire.

Je voudrais ajouter une remarque ici. J'avais un choix à faire : être contrariée de mes mésaventures ou bien les mettre derrière moi, aller de l'avant, retrouver ma résolution et profiter de notre arrivée à Maui. Ou bien je pouvais entreprendre un voyage en éprouvant plein de culpabilité et d'inquiétude ou bien je pouvais lâcher prise et progresser. J'excelle à me sentir coupable de mes échecs, à me fixer des attentes énormes et à être dure avec moi-même quand je ne réussis pas. Mais, on ne peut pas tout contrôler. Quand les choses ne vont pas exactement comme vous le prévoyez, laissez-les aller. J'ai appris à lâcher prise et, quand je suis dans un endroit calme où je peux penser et écrire, je profite de cette occasion pour réévaluer la situation et me remettre sur les rails.

Donc, nous sommes arrivés à Maui où notre chauffeur nous attendait. Gentil mais un peu bavard. J'ai remercié mon mari, qui a été vraiment très fort parce qu'à ce moment-là j'étais tellement fatiguée que je ne pouvais pas mettre deux mots ensemble. Nous sommes finalement arrivés à l'hôtel et nous avons été accueillis avec colliers hawaïens et boissons fraîches. Ils étaient rapides et professionnels. On voit qu'ils n'en sont pas à leur premier jour! Ils connaissent leur métier et nous avons été rapidement amenés à notre chambre avec nos bagages.

Nous avions vu des photos de la chambre, mais elles ne lui rendaient pas justice. Elle était immense et superbe. Il y avait

Chapitre 9: Comment ne pas prendre de poids en vacances, mon expérience

une grande terrasse et une grande salle de bain. Nous avons adoré. Il n'était que six heures du soir à Maui, mais pour nous il était minuit. Nous étions fatigués, mais nous ne voulions pas simplement aller au lit. Nous avons donc changé nos vêtements pour des vêtements d'été et sommes allés au bar du hall principal qui donnait sur la piscine et sur la plage. Nous avons pris une boisson et de la nourriture simple. Mais, à huit heures nous étions au lit complètement épuisés, et extrêmement heureux.

Nous avons dormi incroyablement bien, dix heures en tout. Je me suis réveillée fraîche et dispose pour visiter l'hôtel et la région. À ce moment-là, j'ai décidé de me pardonner pour les erreurs de la veille et de passer à autre chose. Je ne voulais pas me trouver dans un état négatif. L'endroit était incroyablement beau et relaxant. Nous étions là (enfin!) et j'ai pu me détendre, profiter de la vie, respirer et prendre soin de mon corps et de mon âme. L'hôtel avait une bonne salle d'entraînement et un excellent spa. J'ai trouvé une balance dans le spa, j'ai donc vérifié mon poids. Je me suis promis de conserver ce poids jusqu'à mon départ. Nous avons apprécié notre visite au spa et ensuite nous avons pris un excellent petit déjeuner. Je me suis inscrite à quelques classes de "*spinning*" et j'ai embauché un entraîneur personnel pour quelques séances afin de m'assurer que je reste concentrée sur mon entraînement. Cela ne me dérangeait pas de manger plus du moment que je pouvais rester active et brûler les calories supplémentaires. En plus, je pouvais faire d'autres activités, telles que le kayak et la natation.

Je savais que j'avais besoin de bien planifier mes activités. C'est nécessaire pour moi de savoir où je m'en vais. Alors, dans mon plan d'action, je voulais m'avancer dans l'écriture de ce livre, lire le prochain livre de la série "*Wheels of Time*", un livre de 900 pages, faire de l'exercice, relaxer en faisant un peu de bronzage (je n'aime pas passer des heures couchée au

Chapitre 9: Comment ne pas prendre de poids en vacances, mon expérience

soleil). Nous voulions aussi voir Pearl Harbour et les baleines. Mais, pour les deux premiers jours, nous avons relaxé et, la première semaine, j'ai dormi près de dix heures par nuit. Je voulais me détendre et profiter de mes vacances, mais je voulais aussi rester consciente de mes choix et concentrée sur mon objectif de ne pas prendre de poids durant mes vacances. J'ai essayé de trouver l'équilibre entre ne pas être trop stricte et ne pas tomber dans la malbouffe (parce manger de la malbouffe est un indicateur qu'il y a des problèmes plus profonds).

Une journée typique de détente se déroulait comme suit. Je me levais tôt (vers six heures du matin), je faisais du café dans la chambre et j'écrivais pour quelques heures tout en mangeant des fruits et des amandes (j'avais arrêté de manger du yogourt!). J'allais ensuite à la salle d'entraînement pour une bonne heure, avec ou sans entraîneur, puis je rejoignais mon mari. Nous allions ensuite à la piscine trouver un cabana parce que je n'aime pas rester en plein soleil. Ensuite, je lisais ou j'écrivais encore puis je commandais une salade ou un milkshake extra protéines pour le dîner. Vers le milieu de l'après-midi, mon mari allait à la salle d'entraînement et je continuais à lire ou à écrire jusqu'à ce qu'il soit temps de nous préparer pour le souper vers sept heures du soir. Après le souper, mon mari et moi allions faire une promenade sur la plage. Voilà une journée typique où il n'y avait pas de sortie. Je me suis permis de l'alcool de temps à autre, mais pas à tous les soirs. Dans l'ensemble, il n'y avait pas de secret pour mon succès. Je devais simplement planifier ma journée.

Quelques jours plus tard, nous sommes allés visiter Pearl Harbour. Ce jour-là a commencé à six heures du matin et s'est terminé à neuf heures du soir. Wow! Je ne suis pas allée m'entraîner ce jour-là, mais j'ai fait beaucoup de marche. J'avais mon pédomètre et j'ai fait beaucoup plus que mes 10,000 pas standards. Le gros problème que j'avais, c'est que

Chapitre 9: Comment ne pas prendre de poids en vacances, mon expérience

nous n'étions pas autorisés à transporter des sacs ou des sacs à main de quelques sortes que ce soit sur la base militaire. Comme j'ai besoin de manger plusieurs petits repas chaque jour, je trouvais cela difficile. Après notre court vol vers Honolulu, nous avons pris un autobus touristique pour la visite. Pearl Harbour était un endroit extraordinaire à visiter, cela m'a ramenée à l'essentiel, à ce qui est important dans la vie. Mais, après plusieurs heures sans manger, j'ai commencé à ressembler aux personnages dans les annonces publicitaires de "*Snickers*". Je commençais à me sentir anxieuse et agressive. Mon mari s'est promis de toujours transporter avec lui une barre de céréales pour moi, au cas où!

Après la visite à Pearl Harbour, nous sommes montés dans l'autobus et nous avons visité d'autres endroits autour d'Honolulu. Nous avons finalement abouti à un restaurant que nous aimons, le Cheesecake Factory. Après avoir mangé amplement, j'étais calme et détendue. Malheureusement, j'avais dévoré du pain et du beurre et j'avais mangé beaucoup plus de nourriture que ce dont j'avais besoin parce que j'avais attendu trop longtemps avant de manger. J'ai appris que je ne devrais pas attendre plus de deux ou trois heures avant de manger. Même en vacances, je préfère manger plus souvent mais de plus petits repas. Un mini repas peut être un légume et une protéine ou même tout simplement une pomme, pas un repas complet, juste quelque chose pour me satisfaire. Parfois, savoir que j'ai la nourriture disponible est suffisant pour me calmer.

Ce fut une longue journée et quand je suis fatiguée et que je n'ai pas de moment pour me recueillir seule, j'ai tendance à manger plus. Par contre, c'est possible de voir le côté positif de tout cela. En effet, ceci m'a permis de trouver et de confirmer où se trouvaient mes faiblesses. À l'avenir, je pourrai planifier afin de les contrer.

Chapitre 9: Comment ne pas prendre de poids en vacances, mon expérience

J'ai essayé quelque chose pendant que j'étais à Maui, une séance de méditation privée. Mon seul regret, c'est que j'ai fait cet essai seulement lors de ma dernière journée complète là-bas. Parce que l'anxiété me fait manger, trouver des moyens de libérer le stress et l'anxiété est important. J'utilise l'exercice, mais j'ai trouvé que la méditation fonctionne aussi. Mon professeur a dit que le meilleur moment pour méditer, c'est après le jogging ou une bonne séance d'entraînement. Une fois rentrée chez moi, j'ai suivi le rythme de la méditation à tous les jours. Je trouve que ça fonctionne mieux après l'exercice. La combinaison des deux a réussi à me débarrasser un peu de mes pires anxiétés.

En résumé, vous pouvez éviter de prendre du poids en vacances en suivant quelques conseils simples. Planifiez votre journée et soyez très active parce que vous mangez plus en vacances. Évitez la malbouffe et les desserts gras et tenez-vous en au vin plutôt qu'aux boissons alcoolisées et crémeuses ou pleines de jus de fruits. Profitez des différentes activités que vous n'avez pas chez vous. Gardez un œil sur vos points faibles. Aussi, essayez de garder les bonnes habitudes que vous avez commencé à prendre à la maison, comme par exemple écrire dans votre journal aussi souvent que vous le pouvez. Le fait de pouvoir me peser en arrivant et de temps à autre m'a beaucoup aidé à garder un œil sur mon poids. Je ne suis pas une grande fan de la balance, mais dans ce cas-ci cela m'a rendu service. Et surtout, n'oubliez pas de vous détendre et de vous amuser. Oubliez vos inquiétudes, votre anxiété et votre culpabilité.

Chapitre 9: Comment ne pas prendre de poids en vacances, mon expérience

Chapitre 9 En bref

- ➢ Planifiez. Les longues journées de voyage sont difficiles.
- ➢ Soyez active. Allez vous entraîner, faites des longueurs dans la piscine ou à la plage. Trouvez de nouvelles activités à faire.
- ➢ Oubliez les consommations d'alcool avec crème et jus de fruits. Prenez de temps à autre un simple verre de vin. Tenez-vous loin des gros desserts et de la malbouffe.
- ➢ Amusez-vous!

Chapitre 10 : Méditation et visualisation

L'univers nous parle constamment...
Il nous envoie de petits messages source de coïncidences et d'heureux hasards, nous rappelant de prendre une pause, de promener notre regard autour de nous, de croire en quelque chose d'autre, en quelque chose de plus grand.

NANCY THAYER
Auteure de nouvelles

Chaque fois que j'ai entendu Oprah et d'autres discuter de leurs moments « Ah Ah! », je me suis demandé pourquoi je n'en avais pas eus. On entend parler de gens qui ont vécu un moment qui a changé leur vie. Pourquoi pas moi? Eh bien, maintenant je le sais. Tout d'abord, j'ai bien eu ces moments « Ah Ah! ». Je n'étais simplement pas prête à les voir. Ensuite, dans mon cas, j'ai vécu de multiples petits moments « Ah Ah! » qui, cumulés, sont devenus des moments « Wow! », « Oh, mon Dieu! » ou « Comment n'ai-je pas pu voir ça? ». Je ne crois pas avoir vécu qu'un seul grand « Ah Ah! » qui ait changé ma vie. Je crois que j'en ai vécu plusieurs. En rétrospective, je vois qu'ils ne pouvaient qu'atteindre le sommet qu'ils ont en effet atteint.

Aussi loin que je me souvienne, j'ai toujours été divisée intérieurement. Être à une place sans me sentir à ma place. Ou bien me concentrer sur mon côté logique tout en me sentant en même temps triste d'ignorer mon côté créatif. Être d'humeur changeante et massacrante, tout en étant au fond calme et souriante. Le jour où j'ai quitté la maison familiale, j'ai décidé que je devais compter sur mon côté logique pour survivre et réussir. J'ai dû me forcer pour pouvoir passer à travers mes études de baccalauréat et de maîtrise, alors même que je n'en retirais aucun plaisir. J'ai dû me forcer pour atteindre des postes à haute responsabilité, parce qu'il me semblait que c'était le chemin que je devais suivre. Ma thérapeute a vu tellement de potentiel en moi. Elle aussi, donc, m'a vivement encouragée à atteindre des sommets dans mes études et mon travail. Cependant, il est devenu évident qu'il y avait un manque d'équilibre dans ma vie. J'étais obsédée par l'utilisation de la logique et de l'hémisphère gauche de mon cerveau. J'ai ainsi oublié de me détendre et d'utiliser ma créativité et mon hémisphère droit.

Lorsque je suis devenue vice-présidente, je me suis sentie heureuse. J'avais enfin réussi. Je faisais partie de l'élite et je participais à des réunions importantes. J'aimais beaucoup cela. Je savais comment gérer la pression, gérer le stress, gérer des projets et les gens, et j'y excellais. Mais après un certain temps, la lune de miel s'est terminée. J'avais réalisé qu'à ce niveau de responsabilité, tout mon temps n'était consacré qu'à régler des problèmes : ceux qui venaient de plus haut dans la compagnie ou de plus bas. Et j'ai pensé : « Non ! N'y a-t-il rien d'autre ? » Ce n'était plus tellement intéressant. J'ai commencé à penser que j'avais accompli tout cela pour rien. De plus, je travaillais aussi dans un domaine qui ne m'intéressait pas vraiment : les TI. J'étais au sommet. J'avais réussi. Mais je n'aimais pas ce que je faisais. Je n'avais pas l'impression que cela représentait le but de ma vie. Bien sûr, toutes ces études et ce travail intense et incessant n'ont pas servi à rien. À travers eux, je me suis transformée en la personne que je suis maintenant. Sinon, si je ne l'avais pas fait, comment aurais-je pu savoir que ce n'était pas pour moi ! De plus, bien que je me sois retrouvée coincée à la mauvaise place, je pouvais quand même apprendre des tonnes de choses sur moi-même.

Malheureusement, avant de réaliser que j'occupais le mauvais emploi, j'avais perdu plusieurs mois à nourrir ma colère au point de m'écouter de moins en moins souvent. Mais comme

Chapitre 10 : Méditation et visualisation

le mariage et notre lune de miel n'étaient plus très loin, j'ai relégué ces sentiments au sujet de mon travail à l'arrière-plan. Il fallait bien payer pour les dépenses du mariage, non? Nous sommes donc partis à Hawaii. Ce fut de loin le voyage qui m'a apporté le plus de bienfaits, pour deux raisons : 1) j'y ai appris comment traiter les autres et 2) j'y ai découvert la méditation.

Tous ceux qui croisent mon mari parlent de lui en termes très élogieux. Et pourquoi? Parce qu'il traite tout le monde avec le plus grand respect. Même s'il est fatigué, malade ou exaspéré. Quoi qu'il arrive. Il va toujours traiter les autres de la manière dont il souhaiterait être traité. Les gens aiment être considérés avec respect. Un jour, après quatorze heures de visite à Pearl Harbour incluant le trajet en avion, nous étions dans le taxi, notre chauffeur s'est mis à discuter avec nous. Je n'y étais pas du tout disposée. Je suis sûre que mon mari était aussi fatigué que moi. Mais il a commencé à converser avec le chauffeur. Ce dernier était un homme charmant. Il aimait Hawaii et adorait nous en parler. À la fin de la course, je suis sûre qu'il a dû penser que mon mari était quelqu'un de bien. Quant à moi, je n'avais pensé qu'à ma fatigue. Je n'avais souhaité qu'une chose, pouvoir me détendre sur la banquette arrière de la voiture, auprès de mon mari, sans que ce monsieur envahisse notre espace. Après avoir pris une journée à nous reposer, mon conjoint et moi en avons reparlé. J'avais déjà entendu toutes les raisons pour lesquelles il fallait faire un effort pour interagir avec les gens et être agréable : vous voulez en effet être traitée de la même manière que vous traitez les gens, sinon ce que vous envoyez vers l'extérieur vous revient cent fois plus intensément. Mais mon mari m'a simplement dit : « C'est la seule manière de traiter les gens ». Vous les traitez bien, avec respect. Vous vous souciez de leur vie. Leur manière de vous traiter reflètera la même intention. Mais ce n'est même pas la raison pour laquelle mon mari agit ainsi. Il fait ce qu'il fait parce que c'est un être honorable, de grande valeur. Quoi qu'il puisse ressentir, il va toujours refuser de se comporter différemment. De plus, sa manière d'agir renforce ce qu'il est : un être humain de première classe. Cela m'a fait réfléchir. Chaque fois que je traite quelqu'un moins bien qu'avec le plus grand respect, j'accepte deux choses : 1) j'accepte que les autres puissent me traiter moins bien qu'avec le plus grand respect et 2) j'accepte que je puisse me traiter moi-même moins bien qu'avec tout le respect possible. Même face à un abruti, mon mari ne descend jamais à son niveau. Au contraire, il conserve une attitude de la plus haute honorabilité. Comprenez-moi bien. Si quelqu'un lui manque de respect ou en manque à ceux qu'il aime, il le remettra à sa place. Mais il le fera toujours de manière respectueuse. J'admire son contrôle personnel. Et il est clair que je dois apprendre de lui. C'est ainsi qu'après notre discussion, je me suis mise à pratiquer cette nouvelle approche.

Nous étions encore à Maui, un matin tôt, quand je me suis dirigée vers le spa. En cours de route, dans l'ascenseur, j'ai croisé le porteur et me suis mise à discuter avec lui. Il s'est immédiatement ouvert et semblait ravi par notre conversation. Puis, une fois arrivée au spa, j'ai découvert que le personnel avait commis une erreur avec mon rendez-vous. J'ai répondu à la dame de manière un peu brusque. Et hop ! Elle s'est immédiatement mise sur la défensive et son sourire s'est effacé. C'était incroyable. En moins de dix minutes, j'avais testé la théorie de mon mari. Et celui-ci avait bien sûr eu raison. Cela m'a stupéfiée. Il est tout à fait possible que j'ai toujours su cela mais que je n'aie encore jamais été prête à le voir. C'est tellement plus facile d'imposer mes humeurs du moment aux autres. Cependant, le fait d'être sèche avec les autres aggrave en fait aussi ma propre mauvaise humeur, pas seulement la leur. J'y travaille. Ce n'est pas encore automatique, mais plus je m'y exerce, plus cela devient naturel. Je peux catégoriser cette expérience comme un moment « Ah Ah ! ».

La deuxième chose que j'ai faite, et bizarrement cela s'est passé le même jour, a été de me réserver une heure de méditation en séance privée. L'instructeur a pris tout le temps nécessaire pour m'expliquer plusieurs concepts. C'était la première fois que quiconque l'avait fait avec moi. J'avais toujours pensé que la méditation voulait dire faire taire ses pensées. Pour y répondre, la première chose que mon instructeur m'a dite fut la suivante : pourquoi donc quelqu'un voudrait-il demander à son esprit de faire quelque chose que ce dernier n'est pas censé faire. Simplement avec ces mots, il m'a détendue. Parce qu'auparavant, juste l'idée d'essayer de faire taire mon esprit me stressait. Il a ajouté que quelles que soient les pensées qui pouvaient venir à mon esprit, ces pensées étaient acceptables. Je devais les autoriser à se manifester pour ensuite les relâcher. Nous nous sommes ensuite déplacés vers un coin agréable de la plage, un endroit calme et un peu à l'écart. Après avoir ajouté quelques explications, il m'a suggéré deux types de méditation : la méditation avec un « humm » et les vagues de l'océan. Le type de méditation que j'ai appris importe en fait peu car chaque personne prend une approche différente pour se connecter par la méditation. Si vous voulez en apprendre davantage sur ce sujet, vous pouvez trouver un grand nombre de livres, DVD et écoles sur le marché pour vous aider. Ce qui importe ici est que la méditation – sous quelque forme que ce soit – doit vous aider à trouver une manière de vous connecter avec votre moi profond, votre vrai moi, celui qui n'a pas d'égo. Dieu sait qu'au fil des ans j'ai essayé de méditer et de me calmer. J'ai tenté de « m'entendre », sans succès. (J'admets que je ne m'y suis pas consacrée systématiquement). Je ne sais pas pourquoi cela a fonctionné à Maui. Peut-être étais-je enfin prête. Peut-être s'agissait-il de l'environnement. Peut-être était-ce grâce à l'instructeur. J'étais au paradis, et depuis deux semaines, je dormais dix heures par nuit. Je ne ressentais plus de stress. Ce qui est plus difficile est d'arriver à s'envelopper dans cette

Chapitre 10 : Méditation et visualisation

quiétude lorsque tout s'écroule autour de soi. Je suis une perfectionniste. J'ai donc entrepris ces séances de méditation avec l'intention de devenir la meilleure qui soit. Lorsque l'instructeur a mentionné qu'il n'y avait pas de bonne ni de mauvaise manière de méditer, que je devais simplement me laisser aller et ressentir les émotions me traverser, c'est alors que j'ai pu me détendre.

Tout d'abord, nous nous sommes assis. C'était déjà différent de ce que j'avais toujours pensé au sujet de la méditation. Je croyais qu'on devait se coucher pour la pratiquer. Par conséquent, le fait de s'asseoir m'a offert un changement intéressant. Les quinze premières minutes de la séance ont été consacrées à la méditation avec le « humm ». Il m'a montré comment respirer à partir du ventre, d'inspirer et d'expirer tout en émettant un son à travers les lèvres, un son ressemblant à un bourdonnement. Dans le passé, j'ai souvent ri de ce genre de méditation, mais plus maintenant. Ressentir cette vibration à travers mes lèvres et à travers tout mon corps a été extraordinaire. En fait, j'ai regretté devoir m'arrêter après ces quinze minutes. Accompagnés par la musique qui jouait déjà en arrière fond, nous sommes directement passés à la méditation par le bruit des vagues de l'océan. Nous avons inspiré l'air par le nez pour le conduire jusqu'au ventre et l'avons expiré par la bouche. Lorsque j'inspirais, je pouvais ressentir une vague fraîche se répandre sur tout mon corps. Lorsque j'expirais, j'imaginais qu'une ondée chaude emportait avec elle toutes les toxines et tout le stress et l'anxiété de mon corps. Nous l'avons aussi fait pendant quinze minutes. Au terme de ces deux méditations, mon instructeur a suggéré que je prenne encore cinq à dix minutes pour me permettre de me recentrer dans mon corps. Je dois préciser que la visualisation consistait à me concentrer sur un vase vide. Les yeux fermés, je me voyais regarder à l'intérieur de ce vase. Le vide représentait ma libération, ma capacité de relâcher toute douleur et toute tension.

L'instructeur a mentionné quelque chose d'intéressant tandis qu'il me décrivait le processus. Il a dit que lorsque on sent qu'une émotion en particulier se retrouve enlisée dans notre cœur (douleur, chagrin, tristesse ou colère) et qu'on la retient à cet endroit, elle bloque les flux de notre cœur en même temps qu'elle empêche l'émotion suivante de monter à la surface. J'aime cette image du vase vide. Elle aide à ouvrir un espace pour accueillir les nouveaux éléments de notre vie. C'est ce que la méditation m'apporte. Elle m'assiste pour passer à travers ces émotions bloquées. Pouvez-vous imaginer toute cette joie et tout ce bonheur qui ne feront pas partie de votre vie parce que vous êtes prisonnière de vieilles douleurs et de vieilles colères.

Le dernier matin à Maui, j'ai ressenti une envie intense de prendre un petit-déjeuner débordant de glucides. J'ai décidé alors de méditer pendant quinze minutes en utilisant la technique du bruit des vagues. J'en ai ressenti tellement de calme que j'ai pu commander un frappé avec extra protéines et des fruits à la place. J'ai réalisé que cela fonctionnait. Quand je médite et me concentre sur le vase vide, la journée s'ouvre devant moi. En passant, saviez-vous que le mot « Zen » signifie *être ici et maintenant*?

Après la séance de méditation, l'instructeur et moi avons continué à discuter. Il m'a parlé de l'importance de trouver du temps pour soi, tous les jours, pour vivre un moment de quiétude avec son moi profond. C'est utile pour trouver des réponses. C'est aussi efficace lorsque vous avez l'impression que vous n'êtes pas à l'endroit où vous devriez être. J'ai trouvé curieux qu'il me le mentionne. En effet, j'avais déjà réalisé depuis quelque temps que je n'étais pas heureuse dans le monde corporatif. Au cours de la conversation, il m'a dit ce que sa sœur lui avait raconté, ce qu'elle avait découvert durant sa grossesse. Les premiers six mois lui avaient

Chapitre 10 : Méditation et visualisation

demandé de grands efforts, tandis que les trois derniers mois avaient consisté pour elle surtout à lâcher prise et à laisser les choses se dérouler d'elles-mêmes. Durant ces trois derniers mois, il n'y avait rien d'autre à faire que de bien s'occuper d'elle-même. Et la vie allait prendre soin du reste. En ce qui me concerne, ces paroles m'ont montré que même si j'accomplis tout le travail de fond possible et que je me prépare pour la vie autant que possible, en fin de compte, je vais quand même devoir lâcher prise. Devoir faire confiance à la vie. Celle-ci connaît le rôle qu'elle doit jouer.

J'ai compris que j'avais gaspillé trop d'années à ne pas m'écouter. Il y a tellement de bruit autour de nous – la technologie, la radio, le téléphone, la télévision – que l'on se sent comme happée hors de notre corps. Vous devez vous concentrer sur les ancrages à solidifier et vous centrer. Vous devez bâtir des fondations solides. Si vous y arrivez, la vie va venir à nous. Sinon, vous allez continuer à vous épuiser en tentant de courir plusieurs lièvres à la fois. C'est épuisant d'essayer d'être partout à la fois. C'est exténuant d'apprendre toutes ces nouvelles technologies qui sont mises sur le marché quotidiennement. C'est éreintant de chercher les bonnes personnes pour vous aider à évoluer. Vous ne cessez de rechercher des réponses autour de vous, quand en fait, la seule place où vous pouvez les trouver est en vous. Vous devez vous tenir tranquille suffisamment longtemps pour les entendre.

J'ai regardé la dernière émission d'Oprah si mémorable. Oprah le disait justement : il faut s'arrêter et se tenir tranquille. Chaque fois qu'elle doit prendre une décision importante, elle s'arrête et se calme. Puis elle cherche des réponses au fond d'elle-même. Et elle les trouve. Mais chaque fois qu'elle ne prend pas le temps de le faire, elle prend de mauvaises décisions.

Chapitre 10 : Méditation et visualisation

J'en ai fait l'expérience après mon retour à la réalité. Les premiers jours, tout s'est bien passé. Au troisième jour, j'étais trop fatiguée pour me lever tôt et pour méditer. Je suis donc partie au travail sans l'avoir fait. J'en ai immédiatement ressenti les effets négatifs. Je me suis sentie mal à l'aise et peu centrée. J'ai alors décidé que je devais dorénavant me dédier à la méditation, si je voulais réussir. Rien ne peut se passer sans répétitions constantes. Tout comme un muscle. Vous devez continuer à vous entraîner pour le rendre plus fort. La pratique rend parfait. Quand j'ai besoin de réponses, je pose *une* question. Je ne reçois pas de réponse claire immédiatement. Souvent, elle se manifeste plus tard dans la journée, et sous différentes formes. Je dois être attentive.

Avant de mettre fin à une méditation, je passe aux visualisations. Je me vois en train de vivre une superbe journée. Ou bien je me visualise à l'endroit où je voudrais être et ce que je souhaite accomplir. Au cours de la journée, j'essaie de trouver des endroits calmes pour vivre des versions plus condensées de mes séances de visualisations ordinaires. Je me sens infiniment bien après. Sentir que l'on atteint un but et de s'y représenter n'est pas seulement formidable. Cela accélère aussi le processus pour y arriver. Je profite de chaque fin de méditation pour exprimer ma reconnaissance pour ce monde, pour toutes les personnes et toutes les choses que j'ai dans ma vie.

J'ai pris conscience que le fait de répondre à mes stress émotionnels par de la malbouffe avait pour effet de couper les ponts avec moi-même. La méditation aide à ouvrir ces voies de communication. J'ai compris que j'essayais immédiatement d'étouffer toute voix qui tentait de monter à la surface à la suite d'un stress ou d'une inquiétude. Ce n'était donc pas surprenant que je me sois sentie tiraillée pendant tant d'années.

Chapitre 10 : Méditation et visualisation

Il est parfois difficile de demeurer calme dans une situation de stress ou d'anxiété. Il m'arrive de répéter les mots « relaxer » et « respirer » encore et encore sans que quoi que ce soit ne se débloque. C'est dans ces cas que le fait d'entreprendre une activité plus dynamique avant la méditation va aider. Elle permet de se libérer physiquement du stress et de l'extraire par tous les pores de la peau. Une bonne heure de condition physique m'aide à être davantage détendue durant la méditation et au cours de la journée. J'y ai maintenant ajouté la méditation active. Elle consiste à ajouter une méditation au moment des étirements, période qui se situe entre l'entraînement physique et la méditation proprement dite. J'enclenche alors ma musique de vagues d'océan et me concentre sur les parties de mon corps que je suis en train d'étirer. C'est une sensation très agréable. C'est seulement après que je continue avec la méditation plus profonde et plus calme.

J'ai poursuivi mes méditations pendant trois mois mais en respirant principalement au niveau du ventre. Je ressens en effet de grandes difficultés à respirer au niveau du buste. Il faut que je force excessivement, et j'ai l'impression qu'un poids énorme pèse sur ma poitrine. Lors d'un rendez-vous avec mon acupuncteur pour autre chose, nous nous sommes mis à parler des émotions. Il s'est avéré que ma respiration au niveau de la poitrine est effectivement bloquée, et que ce blocage affecte directement mes poumons. Quand j'étais anxieuse, j'avais déjà l'impression qu'on ajoutait vingt livres de stress sur ma poitrine. Le fait que j'avais des difficultés à respirer rendait le tout plus pénible encore. J'ai donc modifié ma respiration durant mes méditations pour partir de la poitrine et descendre vers le ventre. C'est ce qui me convient le mieux. La leçon à retenir ici est la nécessité d'écouter ceux qui ont de l'expérience. Plus important encore, il faut faire ce qui est bon pour soi-même.

S'il est à noter un autre élément d'importance, c'est l'oxygène. Notre corps en a besoin davantage que ce que vous pourriez inspirer en moyenne durant une journée normale. Planifiez une série de dix respirations profondes, trois fois par jour. Inspirez, retenez votre souffle aussi longtemps que possible et tant que vous vous sentez bien. Puis expirez. Videz vos poumons entièrement. Il arrive quelques fois, lorsqu'on se sente surmenée, d'oublier de respirer ou alors de respirer de manière irrégulière. Ce n'est pas bon. Après ces sessions simples, je me sens merveilleusement bien.

Chapitre 10 En bref

- ➢ Étudiez les différents genres de méditation. Choisissez-en un qui vous convienne.
- ➢ Pratiquez vos méditations chaque jour. Réservez-vous du temps calme juste pour vous.
- ➢ Visualisez ce que vous souhaitez obtenir dans la vie. Visualisez-vous l'ayant déjà obtenu.
- ➢ Respirez. Vous avez besoin de cet oxygène!

Chapitre 11 : Les traitements

Cette raison d'être que nous rêvons tous de trouver, un peu comme un remède, ne tombera pas du ciel. Je crois que notre raison d'être est une chose dont nous sommes responsables; elle ne nous sera pas tout bonnement assignée par la volonté divine.

MICHAEL J. FOX
Acteur, écrivain, et fondateur de la
Fondation pour la recherche de Parkinsons de **Michael J. Fox**

Il existe toutes sortes de traitements qui peuvent vous aider. Certains sont plus dispendieux que d'autres. Je vous parle par expérience, car j'en ai eu beaucoup. Dans ce chapitre, je n'aborderai pas la question de la chirurgie plastique. Je ne suis ni pour ni contre; j'ai seulement choisi de parler des traitements non invasifs parce que souvent, ils peuvent résoudre un problème en nous évitant la douleur et les dommages causés par l'anesthésie générale. Aussi, de choisir d'aborder uniquement le sujet des traitements non invasifs est en lien direct avec le sujet de ce livre qui vise à garder un lien entre le corps et l'esprit. Je pense que de forcer votre corps à subir une chirurgie invasive qui modifie votre corps lorsque votre esprit n'y est pas prêt, va à l'encontre des principes de ce livre.

ACUPUNCTEUR

Parlons d'abord d'acupuncture. Vous pouvez trouver beaucoup d'information sur Internet à ce sujet, mais voici ce que l'expérience m'en a appris. Il est important de trouver un acupuncteur professionnel et reconnu. Vous devez être à l'aise avec celui que vous choisirez, sentir qu'il existe un lien entre vous. J'en ai rencontré plusieurs et je n'ai jamais fait plus de deux traitements avec les personnes avec qui je ne me sentais pas à l'aise. J'ai utilisé l'acupuncture pour plusieurs raisons, par exemple pour des douleurs (genoux, coudes, dos, cou, maux de tête et maux de ventre) ainsi que pour des problèmes d'anxiété et d'insomnie. L'acupuncteur est en mesure de détecter si mon foi, mes reins ou ma rate ne fonctionnent pas bien, de les traiter et de me suggérer de consommer ou de cesser de consommer certains aliments ou thés dans le but d'améliorer mon état de santé. Le quinoa est vraiment néfaste pour moi. Mes intestins réagissent au quinoa comme s'ils essayaient d'expulser une roche. Lorsque j'en mange, je passe la nuit éveillée à gémir de douleur. Une fois, j'en ai mangé par accident. J'étais au restaurant et je n'ai pas remarqué que le plat en contenait. Je suis vite allée voir mon acupuncteur qui, après quelques minutes de traitement, a fait disparaître la douleur. C'était extraordinaire!

Lorsque vous trouvez un bon spécialiste, partagez-le avec votre réseau. Les bons méritent d'être connus. C'est ce que je fais et ça me rend heureuse lorsque quelqu'un trouve une solution à son problème grâce à une référence que je lui ai fournie.

OSTÉOPATHE

Pour vos os et vos articulations, je vous suggère de consulter un bon ostéopathe. J'ai mis du temps avant d'en trouver un bon. Comment faire pour savoir si votre ostéopathe est bon? Simple. Lorsque vous consultez pour un problème, vous devriez repartir avec la douleur en moins. Une seule séance peut faire des merveilles. J'ai recommandé le mien à une amie. Après le premier traitement, elle est venue me voir. Le nœud qu'elle avait dans le milieu du dos depuis des années était disparu. Elle n'arrivait pas à y croire.

Je consulte un ostéopathe pour le maintien de ma santé en général. J'ai des problèmes de genoux et de dos. Quand j'étais jeune, je montais à cheval et je suis souvent tombée; mon dos était en mauvais état et j'avais souvent la migraine. Après quelques séances, je me portais déjà beaucoup mieux. Maintenant je consulte aux six ou huit semaines pour me maintenir en bon état et j'aime cela. À propos, si vous avez des problèmes de dos ou de cou, assurez-vous d'avoir de bons oreillers et un bon matelas. C'est essentiel.

CHIROPRATICIEN

Avant de consulter un ostéopathe, je voyais un chiropraticien. Un chiropraticien vous fait craquer de partout dans le but de d'aligner, tels qu'ils devraient l'être, vos os et votre colonne vertébrale. Pendant des années, j'ai consulté un chiropraticien exceptionnel qui m'a beaucoup aidée. Mais après un certain temps, j'en ai eu assez de me faire craquer le cou. Je me suis mise à craindre qu'il ne me brise quelque chose et que je me retrouve paralysée. Bien sûr, il ne s'est rien passé de tel, mais c'est pourquoi j'ai recherché des traitements plus doux et que je me suis tournée vers l'ostéopathie. Malgré tout, je recommande encore de consulter un chiropraticien et je le consulte de temps à autre.

DÉSINTOXICATION

Je présume que si vous avez perdu du poids, vous en avez appris un peu ou beaucoup sur la nutrition. Vous avez peut-être fait un régime spécifique et santé, j'espère. Huit mois avant mon mariage, je suis allée à un gym qui offrait plusieurs options d'aide : nutritionniste, entraîneur personnel ainsi que spa et médi-spa sur place. J'y ai aussi rencontré une jeune

Chapitre 11 : Les traitements

femme qui se passionne pour la santé, la nutrition et l'entraînement.

Elle m'a d'abord suggéré de faire une désintoxication. Elle me trouvait gonflée et croyait qu'une détox me permettrait d'identifier les aliments auxquels j'étais intolérante. La détox qu'elle m'a suggérée dure dix jours et comprend trois jours de jeûne. Avant de faire tout type de détox ou de jeûne (ou tout changement majeur dans votre diète ou vos habitudes d'entraînement), consultez votre médecin. Aussi, n'oubliez pas que la détox et le jeûne ne sont PAS des programmes de perte de poids. Ils ont pour but de nettoyer le système, et de nous apporter un bien-être général. La détox m'aide à me reconnecter à mon corps en plus de me donner une excuse pour m'occuper de moi pendant deux semaines. Pendant les jours de jeûne, (une fin de semaine plus un jour), je reste à la maison où j'écris, je lis, je prends des bains et je me fais masser. Je ferme la porte au monde extérieur et je m'accorde du temps pour moi. Je n'accepte aucune invitation pendant ces dix jours de détox. C'est étonnant à quel point j'en ressors toujours énergisée et rajeunie. Les gens voient la différence. La détox fonctionne pour moi, mais il est possible que ce ne soit pas le cas pour vous. Vous devez respecter votre corps et faire seulement ce qui vous convient.

Maintenant, je fais une détox à chaque changement de saison. Il existe plusieurs types de détox. Mon amie en fait un qui est plus sévère que le mien et qui dure trois semaines. Je ne pourrais pas faire le sien, il est trop difficile pour moi. J'aime le mien et elle aime le sien. Trouvez-en un qui fonctionne pour vous et les premières fois que vous le ferez, faites-vous superviser par un spécialiste.

La détox m'a aussi aidée à découvrir des aliments et des goûts plus simples. Grâce à elle, mes papilles gustatives ont redécouvert le goût des aliments sans sauce et sans sel. Ma détox demande de consommer des aliments biologiques, c'est fantastique. Grâce à la détox, j'ai aussi appris à manger de plus petites portions. Je mange maintenant plus souvent, de cinq à six fois par jour, mais de plus petites portions; je me sens mieux. J'ai encore tendance à vouloir prendre de gros repas le soir, mais j'y travaille. La détox m'a aussi aidée à perdre l'habitude des boissons diète. J'avais l'habitude d'en boire beaucoup à tous les jours. Maintenant, j'en bois peut-être une par mois. La détox est fantastique; elle vous ramène à vous-même, à vos sources. J'ai aussi pris de bonnes habitudes suite à mes détox; par exemple, je ne mâche plus de gomme (excepté en avion), je mastique ma nourriture plus lentement, je ne mange plus devant la télé lorsque je suis seule et je vis dans le moment présent (pas toujours mais de plus en plus). En prime, lorsqu'on débarrasse notre corps de toutes ces toxines, notre peau s'améliore et devient beaucoup plus belle et saine.

CELLULITE

À ce moment-là, comme j'étais en train de maigrir, je n'ai pas voulu que ma peau s'affaisse. J'en ai donc profité pour améliorer son apparence. Parlons de ces traitements qui aident à enrayer la cellulite et qui remodèlent le corps. J'ai essayé tout ce que j'ai pu trouver. Je suis le parfait cobaye. J'ai essayé l'endermologie, Lumicell, VelaShape, la mésothérapie, le drainage lymphatique, Accent et Thermage. Mais avant, peu importe le traitement que vous choisirez pour traiter la cellulite, vous devez savoir certaines choses :

1. Il est essentiel de manger sainement et de faire de la musculation. Vous devez développer vos muscles.
2. Peu importe le traitement que vous choisirez, vous devrez le poursuivre. Ne croyez surtout pas que vous

ferez dix à quinze traitements puis voilà, c'est fait. Oh que non! c'est un engagement à vie.
3. Votre prédisposition génétique à la cellulite est importante. Les femmes de ma famille en font beaucoup. Ma sœur est la personne la plus en santé que je connaisse; elle mange bien, s'entraîne et a même une entreprise dans ce type d'industrie; malgré tout, elle a un problème de cellulite. La musculation et une bonne alimentation, à elles seules, ne vous en débarrasseront pas. Pour vous en défaire, vous devrez faire quelques traitements de manière continue.
4. Avec le temps, j'ai compris que mon corps s'ajuste aux traitements et qu'à un certain moment, les améliorations cessent. C'est la raison pour laquelle j'en ai essayé autant.
5. Apportez à la maison ces photos avant après ainsi que vos mensurations. Je sais qu'il n'est pas très agréable de les regarder, mais je les ai demandées, car on oublie trop rapidement comment on était avant. Lorsque je regarde mes cuisses et que je ne suis pas satisfaite, je jette un coup d'œil aux photos de mes cuisses prises il y a six mois. Alors je vois la différence et je suis vraiment contente.

Voyons de plus près certains traitements. Ce qui suit est fondé uniquement sur mon expérience et sur la façon dont mon corps a réagi aux divers traitements. Votre corps peut se comporter différemment. Ce qui a ou n'a pas fonctionné pour moi est en fonction de moi et dépend surtout du soin que j'ai mis à m'entraîner et à me nourrir.

1. Le premier vrai traitement que j'ai essayé est l'endermologie. C'est celui où vous portez une combinaison blanche; si vous êtes gênée à l'idée d'être nue, c'est un bon traitement de départ. Au début, c'est deux fois la semaine. Vous devriez faire un minimum

de quinze traitements. Bien entendu, cela dépend de la phase de votre cellulite. La cellulite peut être traitée à ses débuts (phase 1) jusqu'à une phase avancée (phase 4). Certaines parties de votre corps peuvent être à la phase 1 et d'autres à la phase 4. Sur moi, pendant un certain temps, l'endermologie a donné d'excellents résultats. Toutefois, j'étais déçue de devoir y retourner constamment. À ce moment-là, j'étais naïve quant à la phase d'entretien du programme. J'ai reçu ce traitement pendant à peu près quatre ans, plus ou moins régulièrement et pendant des périodes de gain comme de perte de poids. Puis, mon corps a simplement cessé de répondre; je perdais mon argent. J'étais prête à passer au traitement suivant. Pour en savoir plus sur ces traitements, n'hésitez pas à consulter les nombreux sites Internet qui en parlent. Ce traitement était sans douleur et ne m'a pas causé d'effet secondaire. En fait, ça ressemble à un massage en profondeur et vous pouvez reprendre vos activités tout de suite après.

2. Lumicell Touch. Il s'agit d'un massage qui ressemble à l'endermologie sauf qu'il implique une lumière à infrarouge qui est appliquée directement sur la peau. Pour toutes ces technologies, débutez avec de basses fréquences puis augmentez graduellement leur puissance. J'ai fait ce traitement avec une huile spéciale pour la cellulite, combiné à une technique française nommée papier-rouler. Avant le traitement Lumicell, une thérapeute roule manuellement votre peau pour en détacher les couches de gras; ensuite elle débute le traitement Lumicell. J'ai pris une quinzaine de sessions de deux traitements par semaine. Ce traitement n'est pas douloureux, mais vous devez vous assurer qu'on n'augmente pas l'intensité de la lumière trop rapidement, car cela pourrait endommager votre peau.

Bien sûr, la personne qui prend soin de vous rend l'expérience encore plus agréable. Si la spécialiste est dédié, gentille et s'occupe de vous, vous serez vraiment satisfaite. J'ai délibérément choisi une femme pour ce genre de traitement; j'ai besoin qu'on comprenne ce que je vis. J'ai beaucoup aimé la femme qui a pris soin de moi et le traitement a donné de bons résultats. J'ai poursuivi ces traitements pendant près de trois ans. À chaque fois que je prenais du poids et que je me mettais au régime, j'ajoutais un de ces traitements. Ils améliorent l'estime de soi parce que, si vous êtes comme moi, peu importe la taille de ma robe, si ma peau ressemble à une pelure d'orange, je ne me sentirai pas mieux, même si j'ai perdu beaucoup de poids. Après quelques années, j'ai réalisé que ces traitements n'avaient plus d'effet sur moi. Il était temps d'en trouver un autre. Je suis donc allée vers VelaShape (ou VelaSmooth).

3. VelaShape est la nouvelle version de VelaSmooth. Sur Internet, on nous suggérait de prendre un traitement par semaine. J'y suis allée. Toutefois, sur place, on m'a dit que pour de meilleurs résultats, il était préférable d'en prendre deux. J'ai donc pris dix sessions de deux traitements par semaine. J'ai vu une grande amélioration par rapport à Lumicell qui n'agissait plus. Les mois précédant mon mariage j'ai combiné ces traitements à l'entraînement et à la détox. J'ai obtenu des résultats fantastiques. Les photos avant-après sont incroyables. J'étais vraiment heureuse. Mon seul problème était la douleur. Quand on fait des traitements de niveau 1 ou 2, ça va. Mais lorsqu'on veut de meilleurs résultats, on doit passer au niveau 3 qui, pour certaines parties du corps, est vraiment douloureux. Je devais parfois demander à la thérapeute de traiter une autre région, question de me donner un

Chapitre 11 : Les traitements

peu de répit. J'ai aussi utilisé mon iPod pour essayer de me concentrer sur autre chose pendant qu'elle me « maganait ». À quelques occasions, pendant les traitements, la douleur m'a rendue agressive et j'ai dû m'excuser. La thérapeute m'a confié que plusieurs femmes abandonnaient après trois traitements, à cause de la douleur. Donc, préparez-vous parce que ce traitement s'applique directement sur la peau avec une crème ou bien une huile. Chaque traitement dure une heure (comme pour la plupart des traitements anticellulite). Suite à ces traitements je me suis sentie prête pour le mariage. J'en ai fait quelques autres après le mariage, pour l'entretien, mais comme il y a eu un bris d'équipement, j'ai cessé les traitements pendant quelques mois. Mais comme la cellulite revient si on ne la traite pas, j'ai trouvé un autre endroit qui a un équipement (VelaShape) plus récent ainsi qu'une thérapeute merveilleuse. J'ai donc repris les traitements et j'obtiens toujours de bons résultats. Lorsque j'ai une sortie spéciale ou si je prévois aller à la plage pendant les vacances, j'ajoute quelques traitements. J'ai toujours un peu de peau d'orange à cause de ma prédisposition génétique, mais je dois apprendre à l'accepter.

Je peux aussi partager avec vous des recherches que j'ai faites sur le rapport entre la nourriture et la cellulite. J'ai fait une vaste recherche sur Internet, mais je ne peux pas garantir qu'il y ait corrélation. Je n'ai pas de preuve, mais je pense que de bons aliments ne peuvent pas nuire. Voici le sommaire des aliments qui pourraient aider à réduire la cellulite :
- bleuets et mûres
- cerises
- mangues
- oranges
- fraises et framboises

- canneberges
- pamplemousses
- pommes
- épinards
- tomates
- poivrons
- carottes

Bien sûr, on sait tous que les aliments raffinés ou transformés et les boissons gazeuses sont tout aussi néfastes que l'alcool, le café et les régimes à haute teneur en protéines animales.

Ce n'est pas très compliqué. Maintenant que j'ai perdu du poids, je compte sur mon entraînement pour atténuer cette peau d'orange. À propos, la musculation ciblée est bonne pour vos muscles, mais n'oubliez pas que votre indice de masse grasse doit être à un niveau santé.

Un dernier mot sur la cellulite : exfoliez votre peau pour supprimer toutes les peaux mortes. Vous pouvez vous procurer des gants conçus spécialement pour cela et le faire vous-même à la maison. Mais assurez-vous d'avoir un gant de qualité pour ne pas abimer votre peau. Vous pouvez aussi utiliser une brosse sèche; il s'agit d'une brosse à fibres naturelles qui peut être utilisée directement sur la peau avant la douche. Ou encore, offrez-vous un exfoliation avec un professionnel pour le corps; après, on se sent tellement bien. J'ai aussi utilisé des crèmes et des savons exfoliants pour la douche. Il m'est difficile de vous dire la fréquence à laquelle vous devriez les utiliser, cela dépend de votre peau. Je suggère au moins une fois par semaine. Certaines le font à tous les jours, mais je pense que c'est un peu trop.

Chapitre 11 : Les traitements

REMODELAGE DU CORPS

Je voulais maigrir dans des parties précises de mon corps et je voulais voir si ces traitements de remodelage du corps pourraient m'aider. Soit dit en passant, il y a quelques années, j'ai fait un traitement de liposuccion pour mon ventre, ce qui a été pour moi, une terrible décision. C'était douloureux et le lendemain, lorsque tous ces liquides injectés de sang ont été évacués, c'était dégoûtant. En plus, ce traitement a laissé des marques sur le bas de mon abdomen et, au bout du compte, j'ai tout de même repris du poids. Donc, si dans votre esprit, vous n'êtes pas prête à rester mince toute votre vie, ne faites pas ce traitement. Maintenant, revenons aux traitements non chirurgicaux.

1. En premier lieu, j'ai essayé la mésothérapie. Il s'agit d'injections faites directement sous la peau des parties à traiter; elles font fondre la graisse qui s'évacue ensuite de façon naturelle. C'était douloureux et je n'ai obtenu aucun résultat. Ce n'était pas pour moi.
2. En second lieu, j'ai essayé le Thermage. Je l'ai essayé sur les bras. Ce traitement aussi était douloureux et n'a donné aucun résultat. On m'avait prévenue que le Thermage était une solution permettant de raffermir la peau du cou et du visage et que ce n'était pas le meilleur traitement pour les bras. Ils avaient raison!
3. Ensuite, j'ai essayé Accent. J'ai essayé Accent sur le visage et le cou, car je ne voulais pas que ma perte de poids y fasse pendre la peau. Je dois avouer que j'ai apprécié le résultat. Les gens me disaient combien j'avais l'air bien. J'ai aussi combiné Accent à VelaSmooth comme traitement pour mon ventre. On m'avait dit que ces deux traitements mis ensemble donneraient d'excellents résultats. Et c'était le cas. Mon ventre était beaucoup plus plat et lisse que lorsque je faisais uniquement le traitement de VelaSmooth.

4. Le traitement que je veux maintenant essayer, mais je ne l'ai pas encore fait, est UltraShape. Il est censé faire disparaître de trois à cinq centimètres de gras dans les parties ciblées après seulement trois traitements. J'aimerais aussi valider mon pourcentage de gras avant et après ces traitements. Je vous dirai comment ça s'est passé sur mon site Web.

CRÈMES

Parlons de ces crèmes raffermissantes. J'ai essayé Yves Rocher, Biotherm, Clarins, Nivea et ces crèmes dispendieuses vendues dans les spas. Je crois qu'elles peuvent aider, mais à un niveau très superficiel. Honnêtement, j'ai dépensé une fortune en crèmes sans pouvoir vous prouver qu'elles font une différence. Je crois que c'est psychologique chez moi. J'ai l'impression de bien traiter mon corps si j'applique une crème après avoir fait une bonne exfoliation. Ensuite, je me sens bien. J'ai aussi utilisé une crème le jour de mon mariage parce qu'on m'avait dit que cela resserrait temporairement la peau; alors pourquoi pas! Toutefois, après un certain temps, ma peau a eu tendance à s'assécher; j'ai donc choisi d'alterner la crème hydratante avec la crème anticellulite. Cependant, l'hiver, je réduis l'utilisation des crèmes anticellulite et je mets plutôt l'accent sur l'hydratation de ma peau.

UN PETIT SUPPLÉMENT POUR LES VACANCES

J'aime beaucoup les croisières et notre compagnie préférée est Celebrity. Pendant l'une de ces croisières, j'ai essayé le traitement de détox Elemis. On m'a mis des électrodes sur les bras, les cuisses et le ventre puis on m'a enveloppée d'algues de mer. Je vous jure que j'ai aminci de plusieurs pouces. J'ai pris trois traitements pendant les deux semaines qu'a duré la croisière. Je sais que j'ai perdu beaucoup d'eau, pas de gras, et que ce n'est qu'une solution temporaire; mais le résultat est génial quand on est sur un bateau à porter de jolies robes et des maillots de bain! Si ce traitement était disponible là où j'habite, j'en ferais un avant chaque grande sortie.

Et voilà! ça fait le tour de mon expérience sur les traitements anticellulite, resserrement de la peau et sur la réduction de la masse graisseuse. Je pense qu'on doit traiter la cellulite tout en restant consciente que les résultats qu'on peut espérer obtenir avec la technologie d'aujourd'hui sont limités. Une fois que vous aurez fait tout ce que vous pouvez, apprenez à vous aimer telle que vous êtes. J'ai peur pour celles qui se lancent dans des transformations extrêmes. Elles ne donnent pas le temps à leur cerveau, leur cœur ou leur âme de suivre et Dieu sait que cela prend un certain temps à tout ce beau monde d'être synchronisées. Alors, choisissez ces traitements seulement s'ils vous font du bien.

Chapitre 11 En bref

- ➢ Pensez à consulter un acupuncteur, un ostéopathe et un chiropraticien.
- ➢ Réfléchissez sur la désintoxication et la nutrition.
- ➢ Passez en revue les traitements anticellulite et de remodelage du corps.
- ➢ Allez-y tranquillement.

Chapitre 12: Je ne veux pas être là où je suis. Vivre le moment présent

Si vous voulez être heureux, soyez-le!

LÉON TOLSTOÏ
Écrivain russe

L'idée de ce chapitre m'est venue un dimanche matin alors que je me suis réveillée avec un sentiment d'anxiété. Habituellement, l'entraînement et la méditation viennent à bout de mon anxiété, mais ce matin-là, je m'entêtais à chercher pourquoi j'étais aussi anxieuse. Je crois que trouver de bons outils pour combattre l'anxiété (au lieu de se gaver) est important, mais que d'en trouver la cause est primordial. Je me suis donc levée, j'ai fait une cafetière de décaf puis j'ai écrit dans mon journal. Les premières vingt à vingt-cinq minutes, j'ai écrit sur des choses qui ne portent pas à conséquence. Puis, je me suis mise à écrire sur le fait que j'étais malheureuse au travail, que j'avais l'impression de ne pas faire ce que je devais faire, même si je n'avais aucune idée de que je devais faire. J'ai alors eu l'impression d'entendre une vieille rengaine. J'avais déjà entendu ça. J'ai fait un rapide retour en arrière dans mes souvenirs pour réaliser que je n'avais jamais été heureuse là où j'étais. Aujourd'hui, dans ma vie privée, je suis plus heureuse que je ne l'ai jamais été, mais au lieu de me concentrer sur ce bonheur, je voyais seulement combien je me sentais misérable au travail. De ma vie, jamais je n'aurais pu croire que j'avais développé l'habitude d'être malheureuse dans le moment présent.

En regardant en arrière, il est clair qu'étant jeune, j'avais le sentiment que ma vie était un enfer dans lequel j'étais coincée. J'ai survécu en me souhaitant une vie meilleure. Je

Chapitre 12: Je ne veux pas être là où je suis.

rêvais du jour où, après le secondaire, je quitterais la maison. Et, un jour, je suis enfin partie loin, très loin. J'avais 17 ans et j'avais déjà adopté cette habitude qui m'accompagnerait pendant bien des années encore. J'étais en Ontario, loin de la maison; je m'étais trouvé un travail d'été et j'économisais pour la rentrée au collège à l'automne. Mais au lieu de faire de cet été le plus bel été de ma vie, j'étais anxieuse et triste. J'étais anxieuse parce que loin de la maison (oui, ironique n'est-ce pas!) et triste parce que loin de mes amis. Toutes ces lettres que j'ai écrites cet été-là!

L'automne suivant, je suis allée au collège situé à environ une heure de la maison familiale. Ma mère n'était pas heureuse de me voir partir, mais je n'étais simplement plus capable d'habiter là. Mes parents ont tenté de nous installer ensemble, mes frères et sœurs et moi, mais pour moi, c'était hors de question. Peu m'importait de manger des sandwiches au beurre d'arachide à tous les jours, je ne vivrais plus avec ma famille. C'était pour moi une excellente décision. Je devais développer mon identité propre. Ces années au collège ont été difficiles. J'avais peu d'argent, je manquais de confiance en moi et, bien sûr, j'avais trimballé avec moi cette habitude d'être malheureuse dans le moment présent. J'étais au collège et j'aurais dû y prendre plaisir. J'avais de bons amis, j'avais été sélectionnée pour faire partie de l'équipe de volleyball, mais j'étais anxieuse. Je me suis créé, dans ma tête, des ennuis avec les professeurs, les travaux à faire, les camarades de classe et je me suis concentrée sur le négatif. Je me suis mise à vouloir être ailleurs et à ne pas profiter du moment présent.

Après le collège, comme je n'avais aucune idée de ce que je voulais faire, j'ai trouvé du travail sur un ranch près de Calgary, Alberta. Je n'ai pas aimé cela non plus, mais je n'y suis pas restée longtemps. J'ai dû quitter à cause d'un problème de glande thyroïde. Je suis retournée à la maison. Cet été-là, ma grand-mère est décédée et ma sœur s'est mariée. Il arrivait

Chapitre 12: Je ne veux pas être là où je suis.

plein de choses, les gens autour de moi évoluaient, mais je n'étais pas heureuse. J'ai accepté un travail de fille au pair dans une famille où il y avait deux enfants. J'avais 21 ans, je n'avais aucune idée de ce que j'allais faire de ma vie et je n'avais pas un sou. Pendant un certain temps, ce travail a été une pause grandement appréciée. C'était une belle famille et j'aimais les deux petites filles dont je prenais soin. Puis je suis devenue agitée. J'étais jeune et me sentais passionnée, mais je n'avais aucune idée par quoi. Je n'étais pas satisfaite de ma situation.

Après trois ans comme fille au pair, je me suis dit : « Pour l'amour du ciel, tu peux être et tu peux faire mieux que ça! » Aujourd'hui, je pense qu'élever des enfants est un travail important. J'ai pris soin d'enfants, de façon intermittente, de l'âge de 13 à 25 ans et c'est un travail fantastique. Mais je sentais que j'étais faite pour autre chose. Alors, j'ai quitté. Je suis allée travailler dans une entreprise comme aide de bureau (girl Friday) et j'ai aimé l'environnement de travail. Après deux ans, je suis retournée à l'université par les soirs. J'ai travaillé fort dans cette entreprise pendant des années. Mais après plus ou moins 10 ans, je n'étais pas satisfaite de mon allure, de mes amoureux, de mon travail et de mon rendement à l'université. Et je jure que c'est aujourd'hui que je le réalise. Sous cet éclairage, tout me semble différent.

Après avoir terminé mon bac, j'ai accepté un poste ailleurs où je suis restée 15 ans. Pendant ce temps, je suis retournée à l'université pour faire une maîtrise et une certification PMP (certification importante pour un gestionnaire de projet – du Project Management Institute). À ce poste, j'ai trouvé plein de raisons de me plaindre. Je me suis plainte de la façon dont l'entreprise était menée. Je me suis plainte de mes collègues et de mes patrons. Je me suis plainte de ne pas gravir assez rapidement les échelons. J'ai agi comme contrôleur de projet pendant quelques années, mais j'ai rapidement voulu devenir

Chapitre 12: Je ne veux pas être là où je suis.

gestionnaire de projet. J'ai ensuite voulu devenir directrice, puis vice-présidente. Les choses dont j'étais insatisfaite étaient claires. Je savais que personnellement, je pouvais faire plus et je savais que je pouvais faire mieux que la personne qui occupait le poste que je convoitais. Plus j'avançais, plus je me frappais à des murs. Certaines personnes craignaient de perdre leur poste, alors ils me bloquaient. D'autres avaient peur de perdre un bon gestionnaire de projet et voulaient que je reste là où j'étais. Pour moi, ce n'était pas la bonne façon de penser. J'étais déterminée à accéder à un niveau supérieur avec ou sans leur aide. Si j'étais bonne, ils auraient dû m'aider à gravir les échelons. Pour me faire entendre, j'ai dû passer par-dessus mon patron et m'adresser à des dirigeants d'un, parfois de deux niveaux supérieurs.

Dans ma vie personnelle, j'avais développé la même habitude. Je me plaignais à propos de ma famille, je me plaignais lorsque j'étais célibataire et je me plaignais de mes amoureux parce que j'avais l'habitude de mal les choisir. Toute cette insatisfaction m'a finalement envoyée en psychothérapie. Avec l'aide de mon thérapeute, je me suis défaite de cette habitude de trouver le mauvais amoureux et, parmi tous ces faux bon gars, j'ai trouvé la perle rare : mon mari.

Sans le réaliser, j'étais, pour la première fois, en train de me défaire de mon habitude négative dans mes relations avec mes proches. Je commençais à réaliser que je méritais d'être heureuse. S'il y a une chose dans ma vie à propos de laquelle je ne peux pas me plaindre, c'est de ma relation avec mon mari. Tout dans cette relation est beau, romantique et sain. Dans mon esprit et dans mon cœur, j'étais prête à vivre heureuse et j'ai ouvert la porte à la belle relation que j'ai maintenant. Notre mariage et notre extraordinaire lune de miel étaient parfaits. Bien entendu, nous avons parlé de ce que nous voulions améliorer ensemble, mais je n'ai jamais senti d'émotion négative à propos de nous. Je ne rêve pas

Chapitre 12: Je ne veux pas être là où je suis.

d'être ailleurs. Je me sens bien à la maison. Un mois après avoir commencé à vivre ensemble, je ne pouvais pas croire à quel point je dormais bien. Je n'avais encore jamais bien dormi avec un homme dans mon lit. Maintenant, c'est merveilleux.

Alors, ce samedi matin où je me suis mise à écrire sur mon anxiété parce que je n'arrivais pas à m'en défaire, j'ai réalisé que j'étais encore en train de me plaindre à propos de mon travail et du fait que j'étais frustrée de m'y sentir coincée. Je travaillais pour une bonne entreprise et j'avais de bons collègues. Mais je rêvais toujours d'un meilleur poste, d'une meilleure vie et de vacances dans des endroits luxueux. Je voulais vivre où il n'y a pas d'hiver rigoureux. Cela m'a donné à réfléchir. Lorsque j'aurais le nouveau poste, le condo à San Diego et les vacances en première classe, est-ce que je me plaindrais encore, est-ce que je serais encore insatisfaite?

Ce fut pour moi un moment ah ah! (oui, ça m'arrive!) J'ai réalisé que je serais insatisfaite tant et aussi longtemps que je ne me serais pas débarrassée de ma mauvaise habitude. Le problème était en moi, pas ailleurs. Si j'étais pour continuer à être malheureuse et insatisfaite, la vie se chargerait de me fournir plein de raisons de me sentir comme tel. Après avoir compris cela, j'ai su que je devais faire quelque chose. Je devais me défaire de cette mauvaise habitude.

Il est important de faire la différence entre la bonne et la mauvaise insatisfaction. Je suis convaincue que l'instinct qui m'a amenée vers des mécanismes d'évasion était bon à ce moment-là. Mais ces mécanismes ne sont plus adaptés à ma nouvelle réalité. Voyons ce qu'est une bonne raison d'être insatisfaite. Lorsque vous sentez en vous-même que vous pouvez et devez être plus que ce que vous êtes, alors il s'agit de bonne insatisfaction. C'est ce que je ressentais avant de devenir vice-présidente pour une importante entreprise et

Chapitre 12: Je ne veux pas être là où je suis.

lorsque j'ai fait ma maîtrise : j'étais insatisfaite. Pouvez-vous imaginer à quel point j'étais insatisfaite pour me taper 13 années d'université par les soirs? Je vivais un semestre à la fois. Au début, je visais le bac, pas la maîtrise.

Il est bon d'être insatisfait. Cela vous force à aller plus loin, là où vous sentez le besoin d'aller. Plus l'insatisfaction est grande, plus les actions à mettre en œuvre pour vous en sortir seront importantes. Alors faites le point et identifiez vos zones d'insatisfaction. Il ne s'agit pas de se plaindre, mais d'être honnête et d'admettre que vous méritez un meilleur amoureux ou une meilleure carrière.

Avez-vous déjà senti que votre relation ne vous convenait plus? Est-ce que vous ressentez un malaise depuis des mois, mais sans vraiment vous en préoccuper? Avez-vous tenté de combattre ce malaise en pensant seulement aux bons côtés de l'autre personne? Vous êtes-vous demandé : « Est-ce que je me vois dans vingt ans avec cette personne? » Est-ce que cette seule pensée vous a déprimée? Alors, vous avez votre réponse. Vous devez y faire face.

Mettre fin à une relation n'est pas facile, surtout si vous êtes ensemble depuis longtemps. Mais, à partir du moment où vous savez que tout est fini, ne traînez pas. Agissez. Si en vous-même, vous avez le sentiment de faire ce qu'il faut, alors, c'est ce qu'il faut faire, même si vous êtes terrifiée. Je vis maintenant avec le bon conjoint et je suis vraiment heureuse. Ma relation avec lui est la preuve que la vie peut être extraordinaire et que je peux être heureuse et vraiment satisfaite. Parce que j'ai fait ce grand changement dans ma vie, maintenant je sais que je peux faire de même pour ma carrière et mon image corporelle. Si j'ai pu me défaire de mon habitude d'être à la recherche de mauvaises relations, alors je peux me défaire aussi de mes autres mauvaises habitudes.

Chapitre 12: Je ne veux pas être là où je suis.

Je crois sincèrement que je peux être heureuse dans ma vie professionnelle et me sentir gratifiée. Je n'en suis pas encore là mais je sais qu'avec de la patience, de la persévérance et un travail assidu, je peux obtenir tout ce que je veux. Au début, lorsque vous avez listé vos insatisfactions, il se peut que vous ayez été découragée. Ne le soyez pas. N'essayez pas de tout changer en même temps. Choisissez un élément de votre liste puis allez-y pas à pas. Lorsque vous constaterez des changements positifs, cela vous aidera à régler d'autres aspects insatisfaisants de votre vie.

Pour ma part, j'ai réalisé qu'au travail, je ne voulais pas autre chose. Je ne voulais pas grandir à l'intérieur de l'organisation, il n'y a rien qui m'intéressait. J'ai toujours voulu avoir le poste de mon patron. Ceci était nouveau pour moi et cela signifiait que la prochaine étape serait ailleurs. J'ai commencé lentement, un pas à la fois, comme par écrire ce livre.

Maintenant, parlons de la mauvaise habitude d'être insatisfaite parce que vous croyez être faite comme ça. Si votre insatisfaction est liée à la façon dont les autres vous traitent, à la façon négative que vous avez de vous percevoir, à un négativisme qui vous pousse à vous plaindre de la chaleur comme de la pluie, alors il s'agit d'une habitude que vous devez changer parce qu'elle ne vous sert pas bien. Cette habitude ne vous aide pas à vous sentir heureuse, contente, satisfaite et gratifiée. J'étais insatisfaite de mon travail et de mon image corporelle. Ce n'était pas ce que je voulais être. J'avais tellement l'habitude de me plaindre que je ne savais rien faire d'autre. Et je suis convaincue que c'est la raison pour laquelle je n'arrivais pas à maintenir ma perte poids pendant longtemps parce que j'entretenais cette image négative de moi et que, tant qu'à faire, aussi bien reprendre le poids perdu et avoir raison de m'en plaindre!

Chapitre 12: Je ne veux pas être là où je suis.

Mais la vie nous répond. Alors pourquoi ne pas poser les bonnes questions? Changez votre habitude d'être insatisfaite et les choses changeront. Je sais que cela ressemble à ce que j'ai déjà dit dans d'autres chapitres, mais il y a de multiples façons de parler et de voir les choses. Continuez de chercher, continuez d'écouter et le déclic se fera pour vous comme il s'est fait pour moi.

Chapitre 12 En bref

- ➢ Listez ce qui vous rend insatisfaite.
- ➢ Commencez à élaborer un plan pour changer ce que vous pouvez changer.
- ➢ Soyez heureuse d'être insatisfaite. C'est ce qui vous amènera plus loin.
- ➢ Ne soyez plus négative à propos de tout. Changez votre vocabulaire pour décrire votre situation. Posez les bonnes questions, celles qui vous amèneront là où vous voulez être.

Chapitre 13 : Pardonner

> *Lorsque vous gardez de la rancœur envers quelqu'un,*
> *vous êtes liée à cette personne ou à cette condition par un lien*
> *émotionnel plus fort que l'acier. Le pardon est la seule manière de*
> *dissoudre ce lien pour redevenir libre.*
>
> **CATHERINE PONDER**
> Pasteur américain de l'église *Unity Church*
> et auteure de livres sur la prospérité

J'ai mis longtemps pour comprendre les avantages du pardon. Bien que le concept reste encore un peu mystérieux pour moi, cette citation de Catherine Ponder me paraît l'exprimer le mieux.

J'ai déjà parlé de mon besoin de demander à mon frère de m'excuser pour tout ce que je lui ai fait. Le pardon va dans les deux sens. Il ne s'agit pas seulement de pardonner aux autres. Il s'agit aussi d'aller vous excuser auprès de ceux à qui vous avez fait du tort, de leur demander leur pardon. Et de vous pardonner à vous-même d'avoir fait du mal. Bien sûr, vous n'être PAS OBLIGÉE de faire quoi que ce soit. Vous pouvez aussi simplement rester là et prétendre qu'il n'y a pas de problème. Tout dépend de ce que vous voulez accomplir. Si vous vous sentez prisonnière du passé, si vous portez un poids sur vos épaules vous empêchant d'avancer, si vous ne supportez plus la rancœur et la culpabilité, c'est que vous êtes prête à agir.

DRESSER UNE LISTE

Vous sentir prête à agir est un très bon point de départ. Dans ce cas, commencez par dresser une liste. Quelles sont les situations non résolues qui, à votre avis, qui vous retiennent en arrière? Qui vit dans votre tête sans payer de loyer? J'ai remarqué que mon inconscient m'aide parfois à en trouver les réponses. Elles me parviennent dans mes rêveries, en écrivant un journal ou en prêtant attention à mes pensées. Elles se manifestent quelques fois dans mes rêves. Si l'un de vos rêves se répète constamment, cela veut dire que votre inconscient est en train d'essayer de vous dire quelque chose. Je suis étonnée de constater à quel point la race humaine n'entreprend pas davantage de recherche sur les rêves pour identifier des moyens de nous aider à découvrir notre fonctionnement intérieur. C'est Freud qui en a eu la bonne idée.

Attelez-vous donc à la tâche. Dressez cette liste. Prenez note de tout ce qui est emprisonné en vous, individus ou événements, et qui vous affectent encore aujourd'hui. Peu importe ici qu'il s'agisse de situations où vous devez pardonner ou demander pardon. Lorsque vous pensez à une personne ou à un moment et que vous ressentez de grandes émotions, c'est qu'il faut l'ajouter à votre liste. Il est parfois plus facile de commencer par les événements avant de continuer avec les individus. Tout peut y passer - une graduation ou un mariage, une situation où vous avez été maltraitée ou bien licenciée. En ce qui concerne les individus, cela peut être n'importe qui – des frères et sœurs, un parent, un oncle, un cousin, un ancien partenaire.

POURQUOI PARDONNER?

Si vous notez un événement, vous finirez par le lier à un individu. Quand vous passez à travers votre liste, vous pouvez soudain vous sentir bouleversée et penser : « Pourquoi pardonner? Pourquoi revivre toutes ces émotions? » La vérité est la suivante : vous les revivez déjà dans votre subconscient jour après jour. Ce qu'il faut faire c'est de ramener le souvenir

Chapitre 13 : Pardonner

de ces sentiments à la surface. Prenez-en conscience et acceptez qu'ils soient réels. Puis débarrassez-vous-en une fois pour toutes. Vous avez besoin de savoir que vous le faites pour vous-même. C'est une démarche centrée vers soi. Et il s'agit non seulement d'une bonne chose, mais d'une nécessité.

Représentez-vous ce que l'effet de rester prisonnière du passé vous impose dans votre présent. C'est comme un portail qui resterait ouvert en tout temps. Votre énergie s'y perd constamment parce qu'elle est utilisée pour garder ce passage ouvert. Pouvez-vous imaginer toute la force qui s'écoule ainsi, quand il existe un portail pour chaque personne et pour chaque situation non résolue de votre passé? Cette énergie que vous auriez pu utiliser dans votre présent pour atteindre vos buts actuels? Voilà pourquoi vous avez besoin du pardon. Vous devez récupérer votre énergie, votre équilibre intérieur. Vivre et apprécier le présent. Vous ne pouvez pas le faire si vous continuez à laisser toute cette puissance s'échapper par tous ces portails.

Tel que mentionné auparavant, je ne me suis jamais vraiment sentie heureuse, quel que soit l'endroit où je me suis trouvée. J'étais prisonnière de toutes ces autres dimensions de mon passé. Cela voulait dire que je ne pouvais jamais me retrouver entièrement dans la réalité de mon présent. Je suis convaincue que vous êtes là où vous vous situez maintenant – avec les maladies, les problèmes et les frustrations – à cause de tous ces portails ouverts et de la perte de toute cette énergie. La bonne nouvelle est que vous avez maintenant décidé de vous en occuper.

Vous n'allez pas, bien sûr vous attaquer à toute la liste en même temps. Ni pardonner ou demander pardon à tout le monde en un seul jour. Prenez la chose une étape à la fois. Je vous suggère de commencer par quelque chose de petit, quoique qu'il n'y ait probablement rien de petit dans votre liste. Ces éléments, vous les avez traînés avec vous pendant des années! Si c'est le cas, choisissez une situation ou une personne avec laquelle débuter. Mettez sur papier tous les souvenirs rattachés à cet événement ou à cet individu. Décrivez toutes les émotions que vous avez ressenties à ce moment-là ainsi que ce que vous ressentez aujourd'hui. Cet exercice est valable autant pour les situations où quelqu'un vous a fait du tort que pour celles où c'est vous qui avez fait du mal à quelqu'un. Notez tout ce qui vous passe par l'esprit. Quel effet cette situation non résolue a-t-elle sur votre vie actuelle? Quels en seront les impacts si vous ne la réglez pas? Depuis combien de temps la traînez-vous avec vous? Pendant encore combien de temps allez-vous accepter d'en vivre les conséquences? Qu'êtes-vous prête à faire pour régler ce problème? Quelles actions devez-vous entreprendre pour permettre de fermer ce portail pour de bon? Êtes-vous décidée à pardonner ou à demander que l'on vous pardonne? Vous devez répondre à toutes ces questions avec sincérité. C'est très important. Permettez à vos émotions de se manifester en vous – tristesse, colère, frustration, impuissance, victimisation, contrariété. Quels que soient les sentiments, il faut les accepter. Si, après coup, vous sentez que vous n'êtes finalement pas encore prête à poursuivre la démarche pour telle situation ou telle personne en particulier, choisissez-en simplement une autre. Rappelez-vous que vous le faites pour vous-même. Vous voulez pouvoir vous libérer. C'est particulièrement utile dans une situation où, par exemple, vous cherchez à pardonner à quelqu'un qui vous a maltraitée (physiquement, psychologiquement ou sexuellement). La démarche est facilitée si vous vous concentrez sur vous-même. À l'époque où je ne comprenais pas encore le concept du pardon, je me disais : « Pourquoi diable lui pardonnerais-je? Il ne le mérite pas ». Mais moi je le mérite. Et c'est le cas aussi pour vous. Vous le méritez pour vous-même.

Chapitre 13 : Pardonner

DÉFINISSEZ VOTRE IDÉE DU SUCCÈS

L'étape suivante consiste à décider si vous devez compléter ce cheminement en personne. Certains rédigent une lettre destinée à la personne visée, la brûlent et cela les satisfaits. Vous allez vite vous rendre compte de ce qui est suffisant pour vous. Dans certains cas, le fait d'écrire est un choix adéquat. Dans d'autres circonstances, il vaut mieux rencontrer la personne face à face. Dans mon cas, la plupart du temps, et bien sûr si la personne est encore en vie, je ressens la nécessité de la voir. Je dois vivre cette rencontre. Si vous avez décidé d'aller à cette réunion, il est impératif que vous y soyez préparée. Vos attentes doivent être claires. Vous ne pouvez pas contrôler la réaction de l'autre ni la deviner. En fait, cela doit pouvoir vous êtes égal. Vous y allez pour vous-même. Vous y allez pour pardonner ou vous excuser. La manière de le faire est très personnelle. C'est vous qui décidez comment approcher l'individu. Il y a plusieurs manières de le faire efficacement. Mais vérifiez d'abord si votre choix d'aller à cette réunion résulte de la colère. Ou est-ce parce que vous avez besoin d'explications? Pour certains, c'est le cas. Ils veulent comprendre. « Pourquoi moi? » De la même manière vous n'approcherez pas tout le monde de la même façon. Cela dépend de qui il s'agit et de ce qu'ils ont fait. Mais cela dépend surtout de ce que vous ressentez envers cette personne. Prenons l'exemple de quelqu'un que vous voulez rencontrer parce qu'il a abusé de vous. Vous allez vite remarquer que bien des personnes ne sont pas en contact avec leurs émotions et qu'elles se sentent donc mal à l'aise avec cette discussion. L'individu que vous approchez pourrait devenir agressif ou évasif et dire que vous avez tout imaginé ou tout provoqué par vos actions. Vous entendrez toutes sortes de choses. C'est pour cela que vous devez vous détacher émotionnellement de leur réaction. La manière dont la personne que vous approchez réagira ne doit pas être votre problème.

Je suis passée par ce processus plusieurs fois. Dans l'un des cas, je pris contact avec un individu qui m'avait maltraitée psychologiquement, verbalement et physiquement (mais pas sexuellement). Il a alors pratiquement tout nié. Les événements s'étaient déroulés des années auparavant. Il semblait les avoir modifiés dans sa tête pour justifier son comportement et pour que cela le rende acceptable à ses yeux. Il a ajouté avoir agi de la sorte pour mon propre bien. Qu'il voulait m'aider à devenir une adulte épanouie. Que c'était ce dont j'avais besoin à l'époque. Que cela avait été sa manière de me soutenir. Incroyable! Je ne pouvais pas en croire mes oreilles. Il s'était complètement laissé envahir par cette vision erronée de la réalité. J'ai tout essayé. Il lui a été impossible de comprendre ce que j'avais enduré. Il n'a pas pu m'écouter décrire comment j'avais vécu ces situations et ce que j'avais pu ressentir à l'époque. Il s'est visiblement refermé. Il n'a pas voulu se reconnecter aux émotions liées aux situations d'alors. Il s'est mis à agir comme un automate, à réciter des phrases toutes faites, comme s'il les avait prises d'un livre sans les adapter. Au vu de sa réaction, j'ai agi comme planifié. Je lui ai dit ce que j'avais prévu. Et je l'ai fait pour moi. Puis, deux semaines avant son décès, je lui ai dit que je lui avais pardonné. J'ai été chanceuse dans un sens. J'ai été en mesure de lui pardonner avant qu'il ne meure. Et je suis maintenant libre. Je le sens au fond de moi : un poids de moins sur mes épaules, un portail refermé.

Je le répète, votre préparation est la clé du succès. Déterminez ce qui, pour vous, est une rencontre réussie. Quels en sont les paramètres? Dans ma vie, je dois régulièrement côtoyer une dame que je n'apprécie pas particulièrement. Elle fait partie d'un environnement que je côtoie et dans lequel nous nous retrouvons de temps à autre dans les mêmes rencontres.

Chapitre 13 : Pardonner

Presque chaque fois, elle me coince me faire part de quelque chose qui lui pèse sur le cœur. Mais elle ne le fait jamais discrètement. Il se trouve toujours quelques personnes que nous connaissons autour de nous. Elle n'hésite pas à détailler, de manière agressive et devant tous, ce que j'aurais dit ou fait pour la blesser; ou des rumeurs qu'elle pense que j'aurais répandues à son sujet. Je comprends son besoin de mettre les choses au clair. Mais son approche contient tout de même plusieurs erreurs.

- Elle aurait dû m'avertir à l'avance, avant la réunion, qu'elle voulait me parler à ce sujet, afin que je puisse m'y préparer.
- Elle a parlé devant des connaissances que nous avons en commun. Ne faites pas cela. La personne qui vous confronte peut essayer de rallier les autres à sa cause contre vous. Vous n'avez pas besoin de cela. Cela dit, je préfère tout de même les rencontres en public, mais dans un restaurant ou un café, par exemple, entourée d'inconnus. Je ne veux pas en effet me retrouver seule et en privé avec la personne. Quand je sens la nécessité d'un soutien additionnel, je demande à un proche de s'asseoir à une table un peu plus loin, dans le cas où j'aurais besoin de son intervention.
- Faire face à une telle personne entraîne presque inévitablement une fermeture de la communication. Je lui ai dit que ce n'était ni le moment ni le lieu, et j'ai clos la discussion. Non seulement n'a-t-elle alors pas obtenu ce qu'elle voulait, mais en plus, maintenant, je considère qu'elle est une imbécile et je l'apprécie encore moins. Je ne serai plus du tout ouverte à l'idée d'avoir d'autres discussions avec elle à l'avenir.

Il est clair qu'elle ne s'est pas préparée avant de me rencontrer. Elle est partie d'une impulsion et de forts sentiments non résolus. Elle n'a pas établi de critères de succès.

Ne rencontrez quelqu'un face-à-face que lorsque vous vous sentez prête. Il n'y a aucune raison de forcer les choses. Si vous le faites, vous risquez de vous rendre compte que la rencontre s'est mal terminée. Vous vous sentirez encore moins bien. J'ai conservé ma liste. Quand j'en ressens le besoin, j'initie un contact. En ce qui concerne certaines personnes, je suis encore loin d'être capable de les contacter. Ce n'est pas grave. Je le serai un jour.

Le processus est identique lorsque c'est vous qui ressentez le besoin de demander pardon à d'autres. Préparez-vous. Préparez les paramètres de votre succès. La personne que vous allez approcher ne vous pardonnera peut-être pas – du tout. Ainsi, là aussi vous devrez faire ce qui est bon pour vous et votre conscience. Je me suis excusée auprès de mon frère et je l'ai inclus dans l'événement le plus important de ma vie : mon mariage. Je l'aime, je le respecte et je suis fière de lui. Mes critères de succès avaient été les suivants : m'excuser, lui dire que je l'aime et l'inclure dans ma vie. Le reste ne dépendait pas de moi; j'ai donc lâché prise. Il m'a dit qu'on était amis et qu'il n'avait pas de mauvais sentiments envers moi. J'ai eu de la chance. Cela ne se passe pas toujours aussi bien. La réaction de l'autre peut être totalement différente de ce que vous aviez établi comme critères de succès. Vous ne pouvez pas forcer quelqu'un à vous pardonner. Mais si vous atteignez votre but, vous pouvez verrouiller une autre porte et aller de l'avant.

Dans les cas où vous voulez demander pardon à quelqu'un pour votre comportement inadéquat, vous devez aussi vous pardonner à vous-même. C'est nécessaire. Nous sommes tous humains. Nous faisons toutes des choses dont nous ne sommes pas fiers. Même après avoir demandé pardon et l'avoir obtenu, il se peut que vous ne vous sentiez pas satisfaite. C'est parce que vous continuez à vous sentez mal et coupable de vos actions. Vous devez vous pardonner. C'est vital pour vous libérer de votre problème. Repassez alors à travers le même processus. Notez les événements. Notez vos émotions. Notez les raisons qui, à votre avis, vous ont incitée à agir de la sorte. Apprenez de cette expérience. Pardonnez et allez de l'avant.

Dans le cas de mon frère, je souhaitais pouvoir développer une amitié avec lui. Cependant, dans la plupart des cas, ce n'est pas ce que vous recherchez avec la personne que vous rencontrez. Le fait de décider de pardonner à quelqu'un qui vous a fait du mal ne veut pas dire que vous devez par la suite les rencontrer régulièrement. Vous n'y êtes pas obligée. Vous n'êtes pas contrainte de les revoir ni de leur parler à nouveau. C'était un nouveau concept pour moi. Je pensais que je devais développer une relation avec ceux à qui j'avais pardonné. Il y a de fortes chances pour que les personnes que vous avez rencontrées et à qui vous avez pardonné ne soient pas des individus que vous auriez fréquentés au départ. Leurs valeurs sont différentes. La bonne nouvelle est qu'en tant qu'adulte vous pouvez choisir ceux que vous voulez côtoyer dans votre cercle restreint d'amis et de connaissances.

AVEZ-VOUS RÉUSSI?

Vous savez que vous avez réussi lorsque vous vous sentez détendue et lorsque vous sentez que vous avez un poids de moins sur vos épaules. Ou bien lorsque vous ne pensez plus à cette personne. Écoutez-vous. Il m'arrive d'être impulsive et émotive. Il y a eu des moments où j'ai fait des erreurs dans mon approche. Je pouvais alors sentir qu'il restait encore quelque chose de non réglé. Quelques fois, après avoir écrit une lettre et l'avoir brûlée, j'ai senti que certains sentiments négatifs étaient toujours présents. Remettez-le nom ou la situation sur votre liste pour vous en occuper une autre fois, quand vous serez prête.

Allez-y doucement. Une étape à la fois. Il n'y a aucune échappatoire à ce processus, si vous voulez aller de l'avant. Ce doit être fait de la bonne manière. On peut le comparer à un régime alimentaire ultra rapide. Vous perdez vingt livres en un mois. Vous en reprenez davantage dans les deux mois suivants. Et vous devrez tout recommencer. Mais cette fois-ci, vous choisissez un programme qui débute lentement, qui implique votre esprit et votre cœur, pour ne plus jamais reprendre le poids perdu. Être libre et se sentir libre : voilà de quoi il s'agit.

Chapitre 13 En bref

- ➢ Dressez une liste
- ➢ Devriez-vous rencontrer la personne ou non?
- ➢ Préparez-vous pour la rencontre.
- ➢ Quels sont vos critères de succès?
- ➢ Quels sont vos attentes?
- ➢ Soyez patiente. Faites-le quand vous êtes prête. Faites-le correctement.

Chapitre 14: Vous n'arrivez pas à le voir, ce n'est pas grave. Ayez confiance.

Juste de penser différemment, en vous concentrant sur l'abondance autour de vous, change vos dispositions psychologiques de façon à améliorer automatiquement différentes sphères de votre vie, dont certaines que vous pensiez sans lien.
Voilà un bond fondamental de la peur vers la foi.

MARTHA BECK
Sociologue américaine, thérapeute,
coach de vie et auteure à succès

J'aime la chanson, « I Surrender All ». La version que je préfère est celle qu'en a faite Faith Hill à l'émission du Oprah Show. J'en ai eu la chair de poule. Pendant cette émission, Oprah nous a raconté comment elle en était venue à être actrice dans le film : "*The Color Purple*". Cela illustre parfaitement le sujet de ce chapitre. Il arrive qu'on n'ait pas toutes les réponses. Il se peut qu'on ne sache pas comment on devrait s'y prendre pour arriver là où on veut être. On peut avoir l'impression que la marche à monter est trop haute pour nous. Il se peut que le poids qu'on porte sur nos épaules soit tellement lourd qu'on ne sache tout simplement plus comment faire pour continuer. Ce chapitre ne parle pas de religion, il parle de croyance. C'est un chapitre qui vous amènera à penser que la vie est plus grande que votre bon vieux petit moi. À l'occasion de notre mariage, la célébrante nous a rencontrés, mon futur époux et moi, afin de préparer ce qu'elle allait dire pendant la cérémonie. Elle nous a décrits tous les deux et, à propos de moi, elle a dit : « Elle croit en l'Univers. »

Chapitre 14: Vous n'arrivez pas à le voir, ce n'est pas grave. Ayez confiance.

PETITS PAS

La meilleure façon d'aborder une tâche titanesque est de commencer par de petites choses. Faites-vous un plan. Voyez où vous en êtes et où vous voulez être. Puis, à chaque jour, faites une petite chose qui vous rapprochera de votre objectif. C'est important. Vous gagnerez du terrain. Au début de la vingtaine, j'étais dépressive. Durant mes années au collège, j'avais vécu une expérience horrible et destructive et je l'ai à peine terminé. Je me sentais au plus bas et tous mes grands rêves d'après collège me semblaient inatteignables; mais pire, je me demandais comment j'allais réussir à passer au travers la journée! Toutefois, peu importe comment je me sentais, j'ai toujours eu ce sentiment que j'étais destinée à plus que ce que j'étais à ce moment-là. J'avais à l'intérieur de moi cette voix qui me disait : « Tu peux t'en sortir. » C'était mon phare dans cette brume épaisse. Je croyais en quelque chose de plus grand que moi. Je n'ai pas toujours écouté cette voix. Il m'est arrivé d'être déprimée pendant des semaines, à ne pas savoir comment j'allais m'en sortir et à faire de mauvais choix. J'aurais aimé, à ce moment-là, savoir ce que je sais aujourd'hui. Mais, j'ai fait de tout petits pas, un jour à la fois. J'ai fait une liste de ce qui me faisait du bien et, à chaque jour, je m'obligeais à faire une de ces choses. À l'époque, le traitement de l'anxiété et de la dépression n'était pas aussi avancé qu'aujourd'hui et je n'étais pas en thérapie. Mon premier objectif a été de refaire confiance à la vie. Lentement, je me suis mise à aller mieux. J'ai aussi accepté que j'aurais besoin de temps avant d'atteindre mon prochain objectif et je me suis accordé un répit. Je n'ai pas renoncé à mes objectifs; j'ai simplement ajusté mes plans de façon à ce que je puisse prendre plus de temps pour les atteindre. Ni mon corps ni mon esprit n'étaient prêts à bondir pour mettre en œuvre des actions majeures. J'ai donc fait de petits pas et, au fur et à mesure que ma santé mentale s'améliorait, j'ai fait de plus grands pas. On sait tous qu'après l'hiver, vient le printemps

Chapitre 14: Vous n'arrivez pas à le voir, ce n'est pas grave. Ayez confiance.

puis l'été et qu'après la nuit, vient le jour. J'étais en hiver et mes petites actions m'ont amenée au printemps.

CROIRE OUI, MAIS ORGANISEZ-VOUS

Je parle de croyance inébranlable en moi-même comme si cela m'était naturel, que j'étais une femme sûre d'elle-même. Que non! J'étais torturée par le doute. Il y avait des gens autour de moi qui renforçaient la faible estime que j'avais de moi et qui se moquaient de mes rêves et de mes objectifs. Lentement, je me suis éloignée de ces gens. Ce fut l'un de mes premiers pas. Je n'ai pas tout fait d'un coup. Je l'ai fait lentement mais sûrement. Encore aujourd'hui, il m'arrive de ne pas suivre mon intuition et, au bout du compte, cela me nuit toujours, d'une façon ou d'une autre. Quand je me mets à douter de mes actions et à me questionner sur tout, je me tourne vers mes croyances. Vient un moment où je dois cesser de dire « Et si? » et où je dois plutôt me calmer, me taire puis écouter et avoir confiance. Dans ma vie, il m'est arrivé plusieurs fois de me retrouver dans une impasse et je m'en suis toujours sortie. Je sais que je finirai par atteindre mes objectifs.

Je crois que c'est en combinant mes croyances inébranlables à ma capacité d'organisation et de planification que j'ai pu arriver là où je suis maintenant. Je crois fermement que sans l'une ou l'autre, je ne pourrais pas réussir. Je pourrais m'asseoir toute la journée et espérer que les choses arrivent, mais cela ne me mènerait nulle part. Il faut mettre en œuvre des actions, des grandes ou des petites. Et ces actions doivent être flexibles. Lorsque j'ai commencé à écrire ce livre, j'étais inspirée et j'ai écrit beaucoup pendant les semaines où j'étais à Hawaii. Après mon retour à la maison, il y a eu des périodes où je n'avais aucune inspiration; j'ai été des semaines sans écrire. Mais je sentais que malgré ma déception et ma volonté de publier ce livre, je ne pouvais rien forcer. J'ai donc modifié

Chapitre 14: Vous n'arrivez pas à le voir, ce n'est pas grave. Ayez confiance.

mon plan et j'ai travaillé à autre chose en attendant que l'inspiration me revienne. J'ai lu sur comment être publiée, comment créer un site Web, comment trouver un concepteur de page couverture. J'ai pensé à ce que je voulais pour la page couverture de mon livre et j'ai fait toutes sortes de recherches sur Internet. J'ai aussi utilisé tous les outils dont j'ai parlé dans ce livre et je les ai mis en pratique encore et encore. Je savais que l'inspiration finirait par revenir et que je pourrais tout aussi bien écrire trois chapitres dans une même fin de semaine. Mais pendant tout ce temps, je savais que j'allais bien. Je savais que j'y arriverais parce que j'y croyais.

INSPIREZ-VOUS DE VOTRE PASSÉ

Parfois, lorsque j'ai des doutes sur l'étape suivante, je cherche dans mon passé. J'essaie de me souvenir de moments où j'ai vécu des épreuves et comment je suis parvenue à les surmonter. S'il s'agit d'une épreuve en particulier, je fouille dans ma mémoire pour voir si je n'aurais pas déjà vécu quelque chose de semblable. Je suis fascinée par le nombre d'événements que j'avais oubliés et souvent, je découvre que j'ai déjà vécu quelque chose de similaire. Mon regard sur les événements du passé me confirme à quel point mes croyances ont joué un rôle dans mes choix. En y repensant, je suis fascinée par le nombre de fois où tout s'est mis en place alors que l'Univers a répondu. J'ai tellement d'exemples où une telle chose m'est arrivée. À chaque fois, je suis arrivée à survivre grâce à une combinaison de mes croyances et d'actions. C'est comme un effet domino : une action vous mène à la prochaine étape puis à l'étape suivante.

En regardant en arrière, je me rends compte que je me heurte toujours aux mêmes doutes. À chaque fois que j'ai fait quelque chose de nouveau ou que j'ai relevé de plus grands défis, j'ai vécu des périodes de doute. De me souvenir de la manière que

Chapitre 14: Vous n'arrivez pas à le voir, ce n'est pas grave. Ayez confiance.

j'y suis arrivée, me redonne confiance. Je sais que je vais y arriver, même si ce n'est pas toujours tout à fait comme je l'avais prévu. Être organisée et planifier les prochaines étapes est excellent, mais à un moment donné, vous devez cesser de planifier et agir. Passez à l'action et ayez confiance.

EST-CE LE BON OBJECTIF?

Il y a des moments où ma vie est allée dans une direction complètement différente de celle que j'avais prévue en définissant mon objectif. Vous pouvez planifier et organiser tout ce que vous voulez, mais l'Univers a son mot à dire. C'est là où vous devez avoir confiance. Et c'est pourquoi vous devez être flexible et réajuster vos objectifs selon la nouvelle direction que prendra votre vie. Par exemple, j'ai toujours voulu gagner à la loto. Parfois, je souhaitais gagner les millions du gros lot, alors qu'à d'autres moments, gagner seulement $50,000 m'aurait facilité la vie. Mais au fond de moi, je n'ai jamais cru que je gagnerais. Gagner serait beaucoup trop facile. Si demain j'avais des millions en banque, ça mettrait fin à ma quête d'être plus et de faire plus. Et je ne deviendrais pas la femme que je suis destinée à être. Je ne terminerais pas ce livre, je n'aurais pas de site Web, je ne ferais pas de conférence et je n'aiderais pas les gens. Pour moi, c'était là une révélation, je m'étais découvert une croyance et c'était extraordinaire! Sachant cela, que me restait-il à faire? Réajuster mon but. Oublier la loterie. J'ai donc décidé de réaliser moi-même mes succès, financiers ou autres. J'ai fermé une autre porte. Toute cette énergie que j'avais perdue à acheter des billets et à croire que je pouvais gagner à la loterie. J'ai accepté de croire que ce n'était pas ma voie et je me suis concentrée sur les actions majeures à mettre en œuvre pour atteindre mes objectifs.

Chapitre 14: Vous n'arrivez pas à le voir, ce n'est pas grave. Ayez confiance.

Écrire ce chapitre a été un vrai plaisir. Il m'a forcée à mettre de côté mon esprit logique et analytique, à me connecter à l'inconnu et à me sentir bien avec cet inconnu. Avant, j'étais tellement mal à l'aise que cela m'aurait rendue anxieuse. Maintenant, la plus part du temps, je m'en réjouis. Je sais que la vie me répondra le moment venu. Toutefois, n'oubliez pas que la vie a besoin d'aide et que vous devrez agir pour arriver là où vous voulez être. Accordez-vous des moments de calme à tous les jours pour méditer ou simplement être seule et tranquille. Soyez attentive, la réponse viendra.

Chapitre 14 En bref

- ➢ Quelles sont vos croyances?
- ➢ Combinez vos croyances à un plan d'action détaillé.
- ➢ Revoyez comment vous avez réussi par le passé.

Chapitre 15: Ne relâchez pas vos efforts après un grand événement; ne laissez pas le quotidien et ses problèmes vous distraire de vos buts.

Ce que vous n'aimez pas, changez-le.
Si vous ne pouvez pas le changer, changez votre attitude.

MAYA ANGELOU
Auteure et poète américaine

Je suis donc de retour au travail. Mes anciennes habitudes essaient de reprendre leur place. Je ne lâche pas mes méditations. Je crois fermement que cela va faire une différence. Je dois rester concentrée à tout prix. Mais voilà que je me remets à manger de la malbouffe. Je dois y mettre un terme. Voilà tout.

Ces mots, je les ai écrits lors de mon retour au travail, peu après la lune de miel. C'était un but valable. Cependant, onze mois plus tard, j'étais retombée dans mes anciennes habitudes. J'avais laissé les problèmes quotidiens de la vie reprendre le dessus. Petit à petit, j'ai perdu de vue mes résolutions. Elles ont été reléguées au second plan. J'ai oublié de surveiller mes pensées et mes habitudes. Je me suis retrouvée happée par le travail et les tensions de tous les jours. Et pourtant, je suis là en train de vous dire quoi faire alors que je ne contrôle pas tout le temps le processus moi-même! Eh bien, c'est la réalité; je passe par les mêmes défis que vous.

Chapitre 15: Ne relâchez pas vos efforts après un grand événement

Lorsque vous en avez assez de votre situation actuelle et que vous lisez un livre comme celui-ci, vous vous gonflez d'énergie, vous dressez vos listes et vous commencez à agir. Puis les choses vont mieux. Ou bien vous vous trouvez très près du but que vous vouliez atteindre. Vous perdez alors cette envie irrépressible de continuer. Vous arrêtez de vous entraîner. Vous cessez de méditer et d'être attentive à vos pensées. Ou vous ne travaillez plus sur vos mauvaises habitudes. Que vous vous soyez préparée pour un événement important ou que vous ayez atteint un but, une fois qu'il est terminé ou atteint, vous allez d'abord ressentir la joie d'avoir atteint ce succès. Puis vous allez commencer à vous sentir déprimée. Persévérer deviendra plus difficile.

ET ENSUITE?

Mon problème avait été de fournir tous ces efforts en vue d'un grand événement, mon mariage. À ce moment, je n'ai pas suivi de manière systématique toutes les suggestions que j'ai décrites dans ce livre. Je me suis concentrée seulement sur mon apparence extérieure. Je n'ai pas travaillé sur mon intérieur. J'ai perdu ma concentration quand ce grand événement a pris fin et les stress quotidiens de la vie ont repris le dessus. Mon mari et moi avions travaillé pendant quinze mois pour préparer notre mariage. J'ai travaillé sur moi-même pendant plus de quarante ans. Mais durant les huit mois précédant nos noces, je l'ai fait de manière intensive. Je me suis mieux alimentée. J'ai entrepris un entraînement physique acharné. J'ai travaillé vers davantage de purification et de détoxication de mon corps. Puis nous nous sommes mariés. Et le mariage a dépassé nos attentes. Nous avons vécu une lune de miel de rêve. À notre retour, nous avons reçu nos photos du mariage. Nous y étions resplendissants. J'étais impressionnée de voir à quel point j'étais souriante et reposée alors que la cérémonie allait débuter. Jamais, au grand jamais, n'ai-je été comme cela. (Vous rappelez-vous de ma nature

Chapitre 15: Ne relâchez pas vos efforts après un grand événement

anxieuse?) Je ne pouvais pas croire l'allure que j'avais. Ce jour-là, j'ai réellement été une princesse. À mon retour au travail, une collègue m'a demandé si je me sentais déprimée, maintenant que le tout était fini. Cette question m'a totalement prise par surprise. Je n'avais jamais réalisé que cela pouvait m'arriver. Mais elle avait eu raison. Je n'ai pas déprimé. Mais j'ai dû me donner du temps pour passer à travers le « deuil » de cet événement magique, qui est passé et qui ne reviendra plus jamais. Je me suis retrouvée les larmes aux yeux chaque fois que je regardais les photos. C'était merveilleux à voir : cet amour entre mon mari et moi, l'amour que je ressentais envers nos invités, la joie et le bonheur si évidents sur nos visages et sur celui des personnes présentes. Je me suis alors dit : « Oh, mon Dieu! Qu'est-ce qui peut succéder à cela? Qu'est-ce qui peut dépasser cela? »

PENTE GLISSANTE

À mon retour au travail après la lune de miel, les gens ont remarqué de manière admirative à quel point j'avais l'air paisible et rayonnante. Certains ont même ajouté qu'ils ne m'avaient jamais vue si décontractée, alors qu'ils m'ont côtoyée pendant quinze ans. Je me suis soudain retrouvée effrayée à l'idée de perdre ces belles émotions et ces sensations de bien-être acquises à mon mariage et au cours de la lune de miel. Qu'est-il arrivé, à votre avis? Elles se sont dissoutes petit à petit tandis que je reprenais du poids. Dans la semaine qui a suivi – en six jours en fait – j'ai cédé à un petit moment de fringale. Après tous ces efforts! Après la perte de ces livres. Alors que j'étais devenue plus ravissante que jamais! Mon moi infantile n'était tout simplement pas en mesure de supporter cette incroyable réussite. Et cette partie de moi-même allait tenter l'impossible pour la détruire. Grâce à l'ajout de méditations quotidiennes à ma routine de deuil, je suis arrivée à rester calme jusqu'à la fin du dîner. Mais dès le début de l'après-midi, des voix intérieures se sont élevées :

Chapitre 15: Ne relâchez pas vos efforts après un grand événement

« Ne serait-ce pas le moment idéal, maintenant, pour déguster une barre de chocolat (ou quatre)? » Quand je n'ai pas assez de temps, il m'arrive de choisir de méditer au lieu d'aller m'entraîner. Cela ne m'a pas aidée ici. J'ai compris que j'avais besoin des deux activités. Mais déjà, je glissais doucement mais sûrement vers cet engrenage dans lequel je m'étais jurée de ne plus jamais tomber. Il me semblait que ma seule solution allait être celle de trouver un nouvel objectif à atteindre. Un but assez noble pour être digne d'une alimentation saine, d'un entraînement physique régulier et du maintien du poids. Oui, je réalise que mon but était externe à moi-même, donc non permanent et ça, ce n'est pas une solution!

VOUS ÊTES ASSEZ

Alors j'avais réalisé que mon but ne pouvait pas venir de l'extérieur. Je devais maîtriser une fois pour toute ma relation malsaine avec la nourriture. Je devais résoudre mon dilemme, une fois pour toute. Mon but s'est précisé : ne plus utiliser la malbouffe comme exutoire à mes réactions émotionnelles. Ce n'était pas un petit projet. Je me suis mise à constamment rêver au jour où je serai enfin heureuse et bien dans mon corps. Puis une phrase, répétée maintes fois par Oprah, m'est un jour revenue à l'esprit : « Vous êtes assez. » Ces mots ne voulaient plus me quitter. Je suis assez! Je suis assez importante pour justifier mes séances intensives d'entraînement et mon droit à une nourriture saine. Je n'ai pas besoin d'un événement externe pour confirmer que j'en vaux la peine. J'ai le droit d'être superbe. J'ai le droit de me sentir merveilleusement bien comme le jour où je me suis mariée. J'ai ce droit n'importe quand et chaque fois que je le souhaite. Ce choix m'appartient. Les pressions que je ressens ne viennent que d'une seule personne : moi. Je ne dis pas qu'il faut tout envoyer promener. Ni que la vie est trop courte et

Chapitre 15: Ne relâchez pas vos efforts après un grand événement

que je vais donc vouloir la vivre comme bon me semble. Ce que je veux dire c'est qu'il vous faut répéter les mots suivants:

1. Je suis assez et je le vaux bien. Je suis, moi, une raison suffisamment importante pour vouloir avoir l'air extraordinaire et me sentir merveilleusement bien. Je n'ai pas à créer d'événement ou de projet externe pour atteindre mon meilleur. Je peux le faire maintenant. Je peux décider immédiatement qu'aujourd'hui, que cet après-midi ou que cette heure représente le moment idéal pour être fabuleuse et me sentir extraordinaire. J'ai l'air éblouissant parce que je le mérite. Mettre cette certitude par écrit va aider à alléger votre stress. Ne le faites pour aucune autre raison que parce que vous savez que vous allez vous sentir bien et vous aimer et apprécier votre apparence. Intériorisez cette vérité : « C'est mon projet et j'en suis la raison ». Vous n'avez rien à prouver à quiconque. Et si vous ne faites pas ce qui est le mieux pour vous, vous n'allez faire souffrir qu'une seule personne : vous-même.

2. Je veux continuer à me sentir ainsi. Je veux m'entraîner parce que j'aime le sentiment de bien-être, de fierté et de connexion que j'entretiens avec mon corps. Je veux manger sainement, maintenant que je connais de plus en plus de choses au sujet du corps humain. J'ai envie de le traiter mieux et, par la même occasion, de prendre davantage soin de moi. Je veux me nourrir d'une manière qui permette à mon corps de fonctionner de manière optimale.

3. Je veux me traiter avec respect, car cette sensation est incroyable. Être en mesure de pouvoir enfiler mes jeans et d'être confortable est agréable. Le fait que mon conjoint me dise que je suis belle, l'est aussi. Mais je veux me sentir

Chapitre 15: Ne relâchez pas vos efforts après un grand événement

bien même sans ces mérites extérieurs apparents. Je veux me traiter avec respect.

4. Je veux m'assumer à 100 %. Je veux m'engager envers moi-même à 100 %. Quand j'ai vu les photos du mariage, après la lune de miel, j'étais impressionnée par mon allure radieuse. Mais j'ai aussi pensé : « Oh, mon Dieu! Je veux continuer à être comme cela. Mais c'est trop d'effort [croyance limitante]. » C'est uniquement la paresse qui parle ainsi et l'envie. J'envie les gens qui peuvent manger ce qu'ils veulent et qui ne prennent pas de poids. Je me fâche et je deviens paresseuse. Je me conditionne mentalement pour croire que je mérite ce morceau de chocolat; que c'est mon droit de ne pas aller m'entraîner aujourd'hui. Mais cette récompense est en fait une punition. Chaque fois que je ne fais pas les exercices que j'avais planifiés, ou lorsque je mange de manière malsaine, je maltraite la seule personne que je devrais aimer le plus. Avec qui d'autre allez-vous passer votre vie entière, si ce n'est avec vous-même? Je dois faire un choix. Je dois assumer mes choix et mes actes à 100 %. Je dois arrêter de me tenir entre deux chaises. Est-ce que je veux être médiocre ou excellente? Je ne peux pas profiter à la fois du beurre et de l'argent du beurre. Je ne peux pas me sentir bien après avoir mal mangé. Je choisis donc d'éviter le beurre et de le remplacer par une bonne séance de conditionnement physique. Le plus grand problème auquel j'ai dû faire face, à mon retour du voyage, a été le fait que je voulais toujours trouver des excuses pour justifier mes petites tricheries. Et ça, ce n'est pas excusable! Chaque fois que vous vous faites une promesse et que vous la rompez, vous vous faites du mal. Vous vous abandonnez et finissez pas vous haïr. Je constate de temps à autre que je tiens mieux mes promesses faites aux autres que celles que je me fais à moi-même. Mais suis-je moins digne qu'eux? Non! Absolument pas!

Chapitre 15: Ne relâchez pas vos efforts après un grand événement

J'ai la certitude que pour maintenir mon poids, je dois fournir des efforts intenses et constants. Par conséquent, je me retrouve devant deux options : soit je change cette croyance, soit je l'accepte. Prenons le cas où j'accepterais cette croyance. Cela veut alors dire que je dois cesser d'envier celles qui ne doivent pas fournir d'effort pour maintenir leur poids. Je dois aussi garder à l'esprit le fait que j'ai de grands buts. Je ne veux pas être médiocre. Je veux être remarquable. Cela demande de l'effort. C'est tout. N'essayez plus de vous en sortir avec le moins d'effort possible. Réajustez vos préjugés. Tout ce qui a de la valeur mérite que l'on travaille pour l'obtenir. Mes rêves et mes buts sont grandioses. Cela ne me dérange donc pas d'y travailler fort et de manière consistante. Certains me disent que je suis trop exigeante envers moi-même. Mais comme je l'ai dit plus tôt, ne rompez pas une promesse que vous vous êtes faite. Cela signifie qu'il faut vous assurer de prévoir une marge de manœuvre dans votre planification pour des changements et des ajustements. Vous allez vivre quelques échecs. Offrez-vous donc des moments où vous pouvez vous détendre avec des amis autour d'un verre, partager un repas romantique au restaurant ou déguster une tranche de gâteau d'anniversaire lors d'une fête : sans vous condamner. Vous allez quelques fois vous retrouver en déplacement, sans moyen de trouver autre chose que de la nourriture moins saine. Offrez-vous alors cette pause. Par contre, si vous aviez prévu aller au gymnase après le travail, ne laissez pas les amis vous détourner de ce but. Si vous vous retrouvez dans une situation où il n'y a pas de nourriture santé à disposition, mettez votre plan B à exécution. Puis retournez à vos bonnes habitudes dès que possible. Ne vous culpabilisez pas. Cela ne sert à rien et cela fait souffrir.

Est-ce plus facile avec le temps? La vie ne devient pas plus facile, non. Mais votre manière de réagir le peut. Rappelez-vous juste que plus vous grandissez, plus vous êtes testée.

Chapitre 15: Ne relâchez pas vos efforts après un grand événement

Dans le passé, j'avais hâte au jour où j'allais pouvoir dire : « Maintenant je peux m'asseoir et me détendre. J'ai surmonté mes peurs et mes démons. J'ai atteint mes buts et réalisé mes rêves. » Je sais maintenant que ce jour ne viendra jamais. Les gens s'épanouissent lorsqu'ils sont à la recherche de mieux : obtenir plus, devenir meilleur. Je vous le concède : ce n'est pas relaxant. C'est en fait quelques fois même carrément épuisant. Mais en même temps, c'est excitant et inspirant. Prenons des exemples. Après le secondaire, j'ai voulu quitter la maison de mes parents pour aller au collège. Et je l'ai fait. À vingt-deux ans, j'ai préféré arrêter mes études et trouver un travail. Je l'ai fait aussi. À vingt-cinq ans, je voulais obtenir un travail de bureau. Quand les employés des corporations se promenaient, leur carte d'accès avec photo se voyait de loin. Ils avaient l'air important. Ils semblaient appartenir à un groupe secret. J'ai voulu en faire partie. C'est ce que j'ai fait. C'est à partir de ce moment-là que je me suis retrouvée coincée. Je suis une perfectionniste. J'ai cette envie absolue de saisir ce que je sais être capable d'obtenir, mais que je n'ai pas encore. Je suis la personne idéale pour le travail de bureau. Les patrons peuvent en effet facilement profiter de quelqu'un dans mon genre. Quelqu'un qui travaille, travaille et travaille encore. Je fais partie de ceux qui ont une formidable envie de grimper l'échelle corporative. Les postes que j'ai obtenus au travail étaient super. Mais seulement pour un temps. J'avais ensuite l'envie profonde de travailler pour atteindre quelque chose d'autre. À mon premier emploi, j'ai remplacé une personne en vacances. Et ils m'ont gardée par la suite. J'allais accepter n'importe quel travail. J'ai eu de la chance. Ma première chef était une femme de carrière. Elle m'a encouragée à me développer et à faire davantage. J'ai beaucoup de respect pour elle. Mais très tôt, j'ai souhaité obtenir plus. Ma patronne a changé de compagnie. Elle a été remplacée par une autre dame. Mais cela ne s'est pas bien passé pour moi. J'avais besoin de quelqu'un qui pouvait me guider. De quelqu'un qui allait me pousser à faire mieux et à être meilleure. Un

Chapitre 15: Ne relâchez pas vos efforts après un grand événement

dirigeant qui était plus intelligent et plus vif que je ne l'étais. Un patron qui me respectait. Un mentor. Rien d'autre ne pouvait fonctionner pour moi. Je dois avouer que chaque fois que j'ai reçu moins que cela, j'ai eu des problèmes et j'ai fini par partir.

Vous devez quelques fois changer de compagnie pour pouvoir changer de rôle. À certains endroits, les gens vous voient toujours dans votre rôle du moment. Et à moins de quitter, on va vous maintenir dans ce rôle. J'ai donc changé d'entreprise et de rôle. Je suis têtue quand je le veux! Chez moi, mes doutes côtoient un dynamisme sans limite et la croyance ferme que je peux réussir. Ce mélange a ralenti mes progrès quelque peu, mais j'ai tout de même avancé.

Après des emplois de secrétaire, je suis devenue évaluateur assistant dans une entreprise de construction. Avec seulement un diplôme collégial en poche, j'étais limitée dans ce que je pouvais accomplir. J'ai alors décidé de retourner à l'université. Petit à petit, par des cours du soir, j'ai obtenu mon baccalauréat. Cette combinaison travail-études m'a donné envie d'en prendre encore davantage, parce que je commençais à comprendre plus de choses. Après le poste d'évaluateur assistant, j'ai poursuivi en tant que gestionnaire d'un petit bureau de construction. À cette époque, j'avais déjà commencé à suivre une thérapie, ce qui m'a encouragée encore plus. Mais chaque fois que je sentais que l'atmosphère et le respect étaient déficients dans un bureau, je quittais l'entreprise. Après mon baccalauréat, on m'a embauchée en tant que coordonnatrice de projet dans la compagnie dans laquelle je me trouve encore actuellement. Mon patron m'a encouragée à poursuivre une maîtrise à l'université sans attendre. Je suis donc retournée sur les bancs d'école, le soir, et j'ai aussi obtenu ce diplôme. Au travail, j'avais identifié des postes plus élevés que le mien et qui m'intéressaient. Vous n'avez pas idée des combats que j'ai dû mener pour les

Chapitre 15: Ne relâchez pas vos efforts après un grand événement

obtenir. Des gens tentaient constamment de me bloquer. Trop jeune. Trop inexpérimentée. Mais surtout, trop performante dans mon poste. Et personne ne voulait que je sois transférée ailleurs dans l'entreprise, sur un autre poste. Je ne veux pas me jeter des fleurs. Mais mes supérieurs m'ont tous dit qu'ils voulaient que je reste dans mon poste de coordonnateur de projet parce qu'ils avaient besoin de moi à cet endroit-là. Je suis quand même devenue gestionnaire de projet. Quelques années plus tard, j'ai encore voulu monter. Et j'ai dû faire face aux mêmes problèmes. Cela s'est répété lorsque je suis devenue directrice puis vice-présidente. Il m'a fallu quelques fois plusieurs années avant de pouvoir changer de rôle. J'ai dû apprendre la patience. J'ai appris à savoir qui contacter pour faire bouger les choses. Heureusement, j'ai croisé la route de quelques excellents patrons. Ils ont vu mon potentiel et m'ont aidée à atteindre ces différents niveaux d'accomplissement.

Durant ce cheminement de carrière, mon niveau d'anxiété n'a jamais baissé. À chaque nouveauté, j'ai vécu du stress intense. Pourquoi? Parce que je me retrouvais hors de ma zone de confort. Puis j'ai commencé à entrer dans une nouvelle phase de ma vie. J'étais devenue lasse du monde corporatif. J'avais petit à petit trouvé un endroit où j'appréciais mieux la vie. Je voulais utiliser ma créativité; une chose que j'avais mise de côté depuis des années. Je voulais une carrière où je pouvais être heureuse de me lever le matin. Je ne voulais plus être stressée par cette vie de bureau et ses pressions folles.

J'avais toujours beaucoup d'énergie ainsi que ce besoin profond de faire toujours plus. Mais je ne voulais plus grimper les échelons corporatifs. Je voulais développer quelques-unes des idées que j'avais commencé à développer. Je voulais créer un site Internet, écrire un livre, donner des conférences. Ne sachant pas vraiment par où commencer, j'ai décidé de débuter avec ce livre. Je me suis dit qu'un voyage comprenant

Chapitre 15: Ne relâchez pas vos efforts après un grand événement

des milliers d'étapes devait bien toujours commencer par un premier pas.

Ainsi, comment la vie peut-elle devenir plus facile si vous voulez toujours vous améliorer et devenir meilleur? Les gens ont ce besoin constant de grandir. Mais même la croissance ralentit de temps à autre. Utilisez alors ces périodes de calme pour réévaluer votre situation. Emmagasinez de nouvelles connaissances. Identifiez l'endroit vers lequel vous voulez vous diriger. Définissez la manière de vous y rendre. Vous rappelez-vous mon instructeur de méditation à Maui? Il m'avait parlé des trois derniers mois de grossesse de sa sœur. Durant cette période, avait-elle dit, il n'y avait rien eu d'autre à faire que de laisser les choses se dérouler d'elles-mêmes. La même chose peut être dite ici. Laissez la poussière retomber. Cela peut prendre quelques semaines ou quelques mois. Ce sont des périodes que je n'apprécie pas particulièrement. Mais elles sont nécessaires. Il s'agit de ces phases d'incertitudes dont j'ai parlé au chapitre précédent. Je ne ressens pas d'anxiété durant ces stages, seulement beaucoup de frustration. C'est ennuyeux de savoir que l'on est prête à passer à autre chose, mais pas suffisamment prête pour pouvoir tout de suite y sauter à pieds joints.

Vous allez passer à la phase suivante. Mais seulement lorsque la vie vous confirmera que vous êtes prête. Non pas parce que c'est vous qui le dites. Ces phases de vie sont comme des papillons. Leur temps passé dans le cocon est crucial et nécessaire. Ils ne peuvent pas éviter cette période. La même chose est vraie pour les humains. Si vous ne respectez pas votre phase de transition et ne faites pas le nécessaire pendant que vous êtes à ce stage, vous ne serez pas prête pour l'étape suivante. Ne laissez pas non plus les autres déterminer le moment où votre période calme prendra fin. Combien y a-t-il d'exemples d'individus qui sont devenus riches et célèbres trop tôt et qui ont chuté? Certains sont même décédés;

Chapitre 15: Ne relâchez pas vos efforts après un grand événement

d'autres se sont éclipsés vers un endroit paisible. Pourquoi tant de gagnants de la loterie perdent-ils leurs gains peu après? C'est qu'ils ont carrément contourné la phase du cocon.

Plus vous vous développez, plus vous apprenez. Plus vous prenez de l'élan, plus vous êtes capable d'affronter des défis plus importants, et ainsi de suite. Vous vous sentez plus stable et plus sûre de vous. Votre foi en vous-même s'accroît et se raffermit. Par conséquent, même si la vie ne cesse de vous lancer des défis, vous êtes mieux équipée pour y face. Et de plus, vous arriverez là où vous vouliez aller. Tout ce qui se trouve dans ce livre et dans vos lectures additionnelles vous aidera à y parvenir.

Donc, comment ne pas perdre sa concentration après un grand événement? Comment empêcher les problèmes quotidiens de la vie de reprendre le dessus? Eh bien, d'abord et avant tout, faites de vous-même une priorité. Vous êtes la personne la plus importante de votre vie. Vous ne pouvez pas aider les autres si vous n'êtes pas à votre meilleur. Ce n'est pas une question d'égoïsme. Vous êtes la personne avec qui vous allez vivre toute votre vie. Vous avez donc droit à vos moments centrés seulement sur vous-même. L'étape suivante consiste à développer de belles croyances, de bonnes habitudes et des traditions. Elles vous aideront à rester sur la voie tracée même quand le quotidien vous barrera la route. Dressez une liste de ce qui est important à vos yeux. Accomplissez une action à chaque jour. Réalisez une chose, qu'elle soit grande ou petite. Ne laissez pas la journée se terminer sans avoir mené à bien au moins une action. C'est cet élan qui vous aidera à vous remettre sur les rails.

Après un grand événement, combien de temps allez-vous laisser s'écouler avant de mettre le pied à terre et de dire: « Ça suffit! »? Mon signal d'arrêt se situe à « cinq livres ». Si j'ai pris cinq livres, c'est alors le moment de tout mettre en œuvre

Chapitre 15: Ne relâchez pas vos efforts après un grand événement

pour les perdre. Un autre de mes repères d'alerte est « trois jours » : jamais plus de trois jours sans m'entraîner. C'est bien d'avoir ces signaux d'alerte. Mais d'abord, pourquoi vous permettre de prendre ce poids ou ces trois jours de congé? Réservez un temps pour analyser ce qui s'est passé dans votre vie pour que vous vous mettiez à manger moins bien ou à ralentir votre entraînement sportif. Pour faire le suivi de votre nouvelle identité, il est important de ne pas juste vous concentrer sur les chiffres affichés sur votre balance. Il vous faut aussi regarder en vous. Prenez un moment à chaque soir avant de vous coucher. Avez-vous passé une belle journée, selon vos critères? Si cela n'a pas été le cas, pourquoi donc? Votre but final n'est pas ce qui est inscrit sur la balance. C'est plutôt le bien-être que vous voulez ressentir tous les jours à votre égard.

Vu que j'ai recommencé à grignoter très vite après mon retour de la lune de miel, il était clair que je n'avais pas encore réglé mes problèmes liés aux habitudes d'alimentation émotionnelle. Ces problèmes devaient devenir ma priorité absolue, sinon j'allais continuer à lutter le reste de ma vie. Ces combats prennent énormément d'énergie. Vraiment. C'est épuisant! Par ailleurs, je souhaitais réellement utiliser cette énergie pour autre chose. Je voulais créer quelque chose de fabuleux et dont l'achèvement nécessiterait toute mon attention.

Vous devez débusquer les éléments qui sabotent le plus vos efforts quand vous essayez de ne plus reprendre de poids. Trouvez l'élément qui vous empêche de vivre une relation saine avec la nourriture. Affrontez-le de face et vigoureusement. Si vous n'arrivez pas à en faire la conquête, vous perdez votre temps. Dans certains cas, il peut s'agir d'un problème psychologique profond. Demandez alors de l'aide. Affrontez votre problème. Dans d'autres cas, vous devez juste sélectionner une action très importante pour vous, vous

Chapitre 15: Ne relâchez pas vos efforts après un grand événement

assumer complètement, et prendre une décision. L'endroit où vous êtes actuellement a été défini par les choix que vous avez faits. C'est vrai. Vous avez vécu des événements extérieurs à vous. Certains bons, d'autres horribles. Il n'y a aucun doute à ce sujet. Mais comment allez-vous agir à partir de maintenant? Comment allez-vous réagir si ces événements devaient se reproduire maintenant? C'est ce qui est important. Pourquoi faudrait-il traîner avec soi les souffrances et des angoisses provenant d'événements de votre enfance? La seule explication possible est que c'est vous qui l'avez décidé. C'est vous qui acceptez de laisser ces événements affecter votre vie d'aujourd'hui. Est-ce que cela en vaut la peine? Cela vous apporte-t-il quelque chose? Cela vous aide-t-il à devenir la personne que vous souhaitez être? Je suis sûre que non! Qu'allez-vous donc faire à ce sujet? Cela prend du courage pour y faire face. Mais faites-le. Un pas et un jour à la fois s'il le faut. Faites-le. Passez aux actes.

Je m'étais retrouvée embourbée dans un cycle de justifications. Je me disais que je mangeais à cause de ceci ou par la faute de cela. Puisque j'avais toutes ces bonnes raisons pour justifier mon comportement, cela devait aller. Mais je n'allais pas bien! Je devais absolument briser cette habitude. Dans le passé, ce mécanisme de survie a sûrement pu m'aider. Mais maintenant, il m'empêchait d'atteindre le bonheur et de progresser.

Pour m'aider à changer cette habitude, j'ai établi une série de questionnements et d'actions que j'initie dès qu'elle apparaît. C'est ce qui fonctionne pour moi. Mais cela pourrait vous aider aussi.

1. Arrêtez-vous. Respirez. Soyez à l'écoute. Posez-vous des questions.

Chapitre 15: Ne relâchez pas vos efforts après un grand événement

2. Ne faites tout simplement rien lorsque ces impulsions apparaissent. Ne prenez pas cette nourriture. Accordez-vous une marge de quinze ou trente minutes, ou même d'une heure. Dans l'intervalle, buvez de l'eau. Puis, si l'envie est toujours aussi intense, allez manger. Mais faites-le de manière consciente. Ne vous perdez pas dans les limbes. Permettez-vous de prendre une collation. Pas dix.

3. Pouvez-vous détourner votre attention? L'ennui, le sentiment de rejet ou l'anxiété enclenchent votre automatisme habituel qui est de manger. Eh bien, essayez de faire quelque chose d'autre. Puis encore autre chose, puis une troisième et une quatrième chose... Bref, jusqu'à ce que vous trouviez quelque chose qui satisfasse votre besoin du moment. Relisez le chapitre sur le changement des habitudes et agissez en conséquence.

4. Apprenez à reconnaître vos déclencheurs et bloquez-les. Je quitte la maison chaque matin après avoir médité, toute détendue. Mais quand sonne midi, j'ai réussi à me transformer en une boule de nerfs et de frustration. J'ai alors l'impression que ma seule planche de salut est de manger autant que possible. La clé consiste à faire dérailler l'automatisme avant qu'il ne s'enclenche. Arrangez-vous pour que vous n'arriviez jamais au stade où vous avez besoin de nourriture. Une fois que l'on a pris conscience de ses déclencheurs et de ses habitudes, c'est fascinant de s'observer. Dès que vous vous rendez compte qu'un déclencheur est sur le point de s'activer, bloquez-le ou détournez-le. Si c'est par exemple la télévision qui vous donne envie de manger, ne l'allumez pas ou faites de l'exercice tout en la regardant.

Chapitre 15: Ne relâchez pas vos efforts après un grand événement

5. Essayez de comprendre pourquoi votre moi infantile est en train de faire tout ce tapage. Quelque chose s'est-il passé dernièrement? Inscrivez vos réflexions dans votre journal. Votre moi infantile se sent peut-être blessé et tente de communiquer avec vous. Soyez à son écoute. Aimez-le. Embrassez-le. Pardonnez-lui.

6. Soyez reconnaissante. Chaque fois que vous êtes sur le point de perdre le contrôle contre la nourriture, considérez qu'il s'agit en fait d'une chance qui vous est donnée de résoudre cette situation une fois pour toutes. Ainsi, au lieu de mettre l'accent sur le problème, mettez-le sur les solutions offertes dans ce livre et passez aux actes.

Si le fait de vous fixer des buts régulièrement vous aide à rester sur la bonne voie, allez-y. Identifiez et planifiez plusieurs activités sur une année (ou créez les vôtres). Des événements où vous avez envie de vous montrer sous votre meilleur jour. Puis détaillez-en les étapes pour y parvenir. Il est crucial de ne pas le faire pour les autres. Vous devez en avoir envie pour vous-même et parce que vous vous sentez bien après. J'ai pris la ferme décision d'essayer ma robe de mariée une fois par an. J'ai choisi cet événement parce qu'il me rend heureuse et qu'il me rappelle ce moment magique de ma vie. Les vacances peuvent aussi représenter des situations où vous voulez être resplendissante. Vous pouvez sélectionner des événements familiaux. Mais ceux-ci peuvent s'avérer dangereux s'ils sont liés à plusieurs émotions. Soyez donc prudente quand il s'agit de ce genre d'activité. Une des activités spéciales que j'ai planifiée a eu lieu quatre mois après mon mariage. Nous sommes allés à une séance de photos au studio du photographe de notre mariage. J'avais vraiment envie de le faire pour moi. Je voulais constater à travers la lentille du photographe à quel point j'étais ravissante. Ce fut vraiment bien. J'ai fait imprimer un album

Chapitre 15: Ne relâchez pas vos efforts après un grand événement

photo sous forme de magazine avec les 50 meilleures photos prises ce jour-là. C'est un beau cadeau que je me suis offert là.

Après une étape ou un grand événement, il est probable que vous passiez par un temps mort. Vous allez sentir que vous avez atteint le sommet et que vous pouvez donc arrêter de travailler fort. Ou vous allez éprouver de la tristesse à l'idée que cette journée unique soit déjà terminée, après tant de mois d'effort. C'est normal de se sentir ainsi. Tous les sentiments sont permis. Vous devez accepter toutes les étapes faisant partie d'un grand événement : l'euphorie, la fierté, la joie, la tristesse et le deuil. Soyez prête à en faire le deuil. Embrassez les souvenirs sur votre cœur et passez à autre chose. Sélectionnez votre prochaine cible et attelez-vous à l'ouvrage pour l'atteindre. Maintenez vos efforts pour améliorer votre relation avec la nourriture. Cela va réellement devenir plus facile.

Continuez à vous écouter toujours davantage. Portez une attention encore plus marquée à vos besoins. Solidifiez encore plus vos croyances et vos habitudes. Et vous allez vous sentir mieux à votre sujet. Vous allez aimer ce sentiment de respect que vous vous portez.

Mes fringales incontrôlables représentaient une manière de me protéger de moi-même, de ne pas m'entendre, de ne pas écouter ma souffrance. Comment pouvez-vous ressentir de l'amour-propre et du respect de soi si vous n'êtes même pas disposée à être à votre propre écoute? Les techniques comme ces trente minutes à une heure que vous vous imposez avant de sauter sur les cochonneries vous fournissent du temps pour que vous vous posiez les questions-clé et pour entamer un dialogue avec vous-même. Je ne crois pas qu'un pansement sur un problème fasse l'affaire. Vous devez aller au fond des choses. Vous devez leur trouver une solution, un problème à la fois.

Chapitre 15: Ne relâchez pas vos efforts après un grand événement

N'oubliez pas d'écrire dans votre journal. Quand il vous arrive de vous sentir submergée d'informations, les mettre sur papier permet de prendre du recul.

Commencez à vous comporter « comme si ». N'ignorez pas les problèmes, mais passez à l'action comme si vous étiez déjà prête à les entendre et en même temps à les résoudre un à la fois. N'agissez plus comme quelqu'un qui abandonne la lutte, qui pense que c'est trop difficile ou qui a une attitude défaitiste. Comportez-vous comme si vous aviez déjà atteint vos buts et que vous viviez des réussites depuis des années. Avant de vous en rendre compte, votre vie réelle ressemblera à votre nouvelle identité, votre nouvelle histoire.

Chapitre 15 En bref

- Le grand événement est terminé. Quelle est la suite?
- Ne laissez pas les tensions quotidiennes de la vie vous détourner de vos objectifs.
- Pourquoi en valez-vous la peine? Faites-en la liste.
- Cherchez à comprendre comment bloquer votre rituel d'alimentation compulsive.
- Maintenez vos efforts pour développer des croyances meilleures et des habitudes bonifiées.

Conclusion

Le monde ne changera pas, tant que notre monde intérieur ne changera pas.

DEEPAK CHOPRA
Médecin, conférencier, écrivain sur des sujets comme la spiritualité, « Ayurveda » et le rapport entre le corps et l'esprit.

Je n'ai pas tout compris ni tout assimilé. Toutefois, en tenant compte de ce que j'ai vécu dans ma vie et de qui j'étais il y a cinq ans, j'ai fait de grands progrès. Les nouveaux défis, les nouvelles personnes et les nouveaux événements qui remplissent ma vie aujourd'hui font que je continue d'apprendre. Je constate que je suis beaucoup mieux équipée pour faire face à mes nouveaux défis. J'apprends encore, je m'ajuste, je grandis et je continue de changer. On dit que la seule constance dans la vie est le changement. C'est vrai!

Que signifie une conclusion dans un livre comme celui-ci? Cela signifie que la recherche visant à s'améliorer soi-même ne se terminera jamais. À chaque jour, chaque mois et chaque année, il y aura toujours quelque chose à améliorer ou à changer. Et ce sont d'excellentes nouvelles.

Qu'est-ce que j'ai appris en m'écoutant et en écrivant ce livre? Que je n'aurais jamais perdu de poids de façon permanente et que je ne serais pas parvenue à avoir une relation saine avec la nourriture si je n'avais pas compris pourquoi j'avais, en premier lieu, pris du poids. Pour y arriver, je devais en apprendre un peu plus sur moi et déterrer ces choses que j'avais jusque-là enterrées profondément. J'ai fait tous les exercices dont je parle dans ce livre et j'ai répondu à toutes les questions. Je ne l'ai pas fait qu'une seule fois; je l'ai fait encore et encore parce que je suis en constant changement. Il

Conclusion

y aura toujours une différence entre qui j'étais et qui nous étions tous, en mars et qui nous sommes devenus en décembre. Tout le monde change, grandit et régresse un peu. Une partie de vous-même à laquelle vous n'aviez pas accès il y a six mois pourrait bien s'ouvrir à vous dans les jours ou les semaines qui viennent.

Suite à la lecture de ce livre, est-ce que vous portez plus attention à vos pensées? Est-ce que vos pensées reflètent qui vous voulez être maintenant et non pas qui vous étiez? Restez concentrée et continuez de vous améliorer. Lorsque vous commencerez à changer une habitude, vous trouverez sans doute que cela demande une concentration de tous les instants. Après un certain temps, une fois que la nouvelle habitude sera bien ancrée en vous, il vous suffira de vous assurer à l'occasion qu'elle tient toujours. Mais comme rien n'est jamais acquis, vous devrez toujours être attentive et vous assurer que les vieilles habitudes ne refont pas surface. Vos pensées en sont un parfait exemple. Vous pouvez croire que votre nouvelle habitude d'avoir des pensées constructives est bien ancrée; vous pouvez penser que vous pourriez relâcher un peu leur surveillance. Mais, en fonction ce qui se passe dans votre vie, il se pourrait que le doute s'immisce dans votre esprit et que les pensées négatives reprennent le dessus sur les pensées positives. Il s'agit d'un processus continu; alors prévoyez du temps, aussi souvent que nécessaire, pour vous assurer que vous progressez toujours. Et, s'il le faut, réajustez-vous.

Utilisez régulièrement votre journal pour réévaluer vos objectifs. Au moins une fois par mois, voyez où vous en êtes. Que voulez-vous? Qu'est-ce qui vous ferait plaisir au cours des prochaines semaines, des prochains mois? Avez-vous atteint l'un de vos principaux objectifs sans avoir pris un moment pour célébrer? Ces moments sont si importants. Même si vous êtes concentrée sur la prochaine étape, n'oubliez pas de

Conclusion

prendre du temps pour vous féliciter et pour célébrer vos victoires.

Faites une liste de toutes vos réussites, peu importe leur importance. Lorsque vous dressez cette liste, à la fin de la semaine ou du mois, mettez-y toujours plus de positif que de négatif; cela vous aidera à constater et à sentir que vous avancez. Par exemple, le week-end, quand je fais mon retour sur la semaine, j'inscris au moins dix éléments positifs versus trois éléments à travailler.

Vous avez presque atteint un objectif, mais vous n'en retirez pas vraiment de satisfaction? Analysez pourquoi vous vous sentez ainsi et améliorez votre objectif de façon à ce que lorsque vous l'aurez atteint, vous vous sentirez incroyablement bien. Par exemple, vous pourriez avoir atteint votre poids idéal, mais continuer d'être obsédée et malheureuse dans votre relation avec la nourriture. Analysez la situation, posez-vous toutes les questions mentionnées dans les chapitres de ce livre et repositionnez-vous. Il est important que vous soyez consciente de tout ce chemin que vous avez parcouru au plus profond de vous-même et que vous compreniez que le voyage est plus important que le résultat final. Mais quand vous aurez enfin atteint votre objectif, célébrez!

Découvrez dans quelle saison vous êtes dans le moment présent de votre vie. Êtes-vous en hiver, en automne, au printemps ou en été? Un excellent livre de Michèle Roberge « Tant d'hiver au cœur du changement », vous aidera à en savoir plus sur la saison dans laquelle vous vous trouvez. Selon la saison, vous agirez différemment. En hiver, vous aurez besoin d'un temps d'arrêt et ce ne sera pas le bon moment pour agir et pour prendre de grandes décisions. Cependant, l'action crée de l'énergie. Je voulais prendre deux mois de congé pour dormir parce que j'étais épuisée. Mon

Conclusion

cerveau était fatigué de tout ce bruit. Mais cela n'aurait pas été bon pour moi, j'aurais succombé à la dépression. J'avais besoin de continuer d'avancer, je devais agir, même s'il s'agissait de toutes petites actions. C'est ce que j'ai fait et, finalement, j'ai vu les lumières du printemps.

Votre but est d'être en excellente santé, d'avoir un poids santé, et d'avoir une relation saine avec la nourriture. D'intégrer cela et de le mettre en pratique vous prendra du temps; cela ne peut pas se faire avec un de ces régimes à la mode. Soyez patiente. Vous n'êtes pas toujours consciente de l'amélioration qui se fait en vous, mais oui, elle se fait. Et c'est pourquoi vous devez être attentive aux choses à revoir à la fin de chaque semaine, comme à vos actions et à vos pensées, en les écrivant dans votre journal. Ne soyez pas tentée de prendre le chemin facile vers la perte de poids, cela vous ramènerait au point de départ. Vous serez peut-être plus mince, mais vous serez encore malheureuse. Brisez donc ce cycle une fois pour toutes.

Ralentissez. Cessez de courir dans tous les sens. Le fait de marcher lentement, de vous déplacer lentement et de respirer profondément vous calme instantanément. Cela vous permet d'être vraiment à l'écoute de votre corps et de votre moi intérieur. Au début, cela pourra vous demander un certain effort pour inclure des moments de calme dans votre journée, mais vous verrez que ça en vaut la peine. J'ai décidé de consacrer de 1 à 2 heures par jour à l'entraînement physique et à la méditation. S'il vous est impossible de vous accorder autant de temps, voici quelques trucs : s'il vous faut vingt minutes pour vous rendre à votre destination, planifiez-en trente, puis prenez votre temps, respirez et méditez activement; brossez vos dents plus lentement; videz le lave-vaisselle plus lentement. Faites un effort conscient pour ralentir et vous remarquerez à quel point vous serez plus calme. Et si vous êtes plus calme, vous n'aurez plus besoin de

Conclusion

courir vers la malbouffe parce que vous serez à l'écoute de vous-même.

Voici un dernier exercice que je trouve utile. Écrivez votre nécrologie détaillée. Écrivez-la *comme-si* vous saviez que vous alliez mourir de vieillesse à 105 ans. Écrivez tout ce que vous aimeriez accomplir pendant cette longue vie. Quand vous vous relirez, vous aurez l'impression que tout cela est vraiment arrivé (*comme-si*) et vous vous sentirez extrêmement heureuse et satisfaite de votre vie.

En conclusion, reconnaissez que vous n'avez pas terminé de vous améliorer, que vous n'aurez jamais terminé. Je n'aurai jamais terminé et, croyez-le ou non, c'est une bonne chose. S'améliorer, chaque jour et chaque semaine, par rapport à qui nous sommes et à qui nous voulons être, peut être très plaisant. Cela peut également être une source d'énergie incroyable, quelque chose qui vous entraîne toujours vers l'avant. Donc, ne voyez pas votre perte de poids comme : « Oh, mon Dieu! quand est-ce que j'en aurai fini avec ce poids? » Vous êtes un être en croissance, c'est votre vie; votre croissance sera terminée lorsque vous serez morte! Voyez tous les jours comme une occasion de faire quelque chose pour vous parce que vous le valez bien et parce que vous êtes la personne la plus importante dans votre vie. Oui, vous l'êtes, et oui, je le suis.

Remerciements

Peter, merci de ton support constant et de ton indéfectible croyance en moi. Tu es ma force.

Merci Cathy pour ton amitié et ton support. Ils sont extrêmement importants pour moi.

Je veux remercier ma mère qui a été un excellent modèle de force et de distinction. Tu me manques énormément.

Merci à DR pour tes conseils et ton support. Merci de m'avoir accompagnée toutes ces années.

Merci à mes collaboratrices d'édition anglaise et française, Stéphanie, Sandra, Jacqueline et Judith.

Je suis tellement reconnaissante envers mes amis et collègues qui m'ont supportée dans cette grande aventure. Je vous remercie d'avoir lu mon livre et de m'avoir fait des commentaires très appropriés dans le but de l'améliorer.

Bibliographie

Barnes, Sophie L : www.helpheretoday.com

Bridges, William. *Transitions: Making Sense of Life's Changes*

Cameron, Julia. *The Artist's Way*

Canfield, Jack and Janet Switzer. *The Success Principles: How to Get from Where You Are to Where You Want to Be*

Pédomètre Fitbit. www.fitbit.com

Myss, Caroline. *Anatomy of the Spirit*

Robbins, Tony. http://www.tonyrobbins.com

Roberge, Michèle. *Tant d'hiver au cœur du changement*

www.ingramcontent.com/pod-product-compliance
Lightning Source LLC
Chambersburg PA
CBHW071456040426
42444CB00008B/1372